LES FRANÇAISES,

ou

XXXIV Exemples choisis

Dans les Mœurs actuelles,

Propres à diriger

les FILLES,	les EPOUSES,
les FEMMES,	& les MÈRES.

II.^d *Volume :* Les Femmes.

La Muger y la Pera,
La que mas calla, es buena.

A Neufchâtel,

Et se trouve à Paris.

1786.

Avis du *Second Volume.*

Nous alons, dans les *Neuf Exemples* fuivans, montrer la *Femme* confiderée en elle-même, & par fes qualités perfonnelles bonnes ou mauvaises.

Sujet de la Figure du *Neuvième Exemple.*

Maximilienne regardant avec dedain fon Mari & fon Fils, en leur disant :

» Le mariage de mes Enfans me regarde : Quand
» il en fera temps, je donnerai à mon Fils
» une Femme, que je veux qu'il prenne
» les yeux fermés.

Les FRANÇAISES:

IX Exemples choisis,
Propres à diriger les FEMMES.

IX Exemple:
La Femme-imperieuse.

Il y eut dans l'antiquité des Femmes courageuses, heroïques; il y eut des Femmes mechantes, acariatres, insupportables; il y eut même des Femmes-auteurs, & la sage Theano est infiniment estimable: Mais la *Femme-imperieuse* est un monstre dû à notre siècle, à nos mœurs; à cette corruption, en partie occasionnée par la consideration insensée que certaines Gens ont - donnée au celibat: Je n'ai cessé de le dire, & je le dirai, tant que j'aurai de forces: —Le celibat trop prolongé est un état coupable; le celibat absolu est un crime contre la nature & les mœurs. Ce font les Celibataires qui ont tout bouleverfé parmi nous : Intereffés à corrompre les Femmes, à les rendre hautaines, infubordonnées, ils commencèrent d'attaquer la pureté du mariage dès ces temps de chevalerie, venerés par les Sots, qui ne font pas attention, qu'un Chevalier aimait prefque toujours une Femme-mariée, à laquelle il adreffait inpudemment fon hommage, avec l'approbation publique, comme à Sparte, mais non auffi utilement qu'à Sparte : car chés les Spartiates, le but de la nature, était toujours celui de la galanterie. C'eft par cette ridicule galanterie chevalerefque, que la corruption a commencé : De-là ces infipides romans des Scuderis, fi juftement ridiculisés, fi propres à fauffer le jugement des Jeunes-perfonnes, & à les rendre precieuses-ridicules. Aneantiffons le celibat, ô mes Concitoyens ! en le fletriffant : que toute Jeune-fille, en voyant des Hommes, ait l'efpoir d'être mariée & mère à fon tour ; qu'on n'entende plus parmi nous d'impudens Egoïftes, à qui leurs Ancêtres ont confié le depôt de la vie, fe faire-gloire de terminer en-eux l'exiftance prolongée, autant que reelle de leurs Ayeux ! Infames ! qui n'avez aucune notion des loix de la nature, qui ne favez pas que le Genre-humain eſt toujours le même, qu'il naît, croît, vieillit, meurt & renaît-ſans ceſſe ; mais que le Celibataire non-reproduit, eſt une fin-d'être ; il n'exiſtera plus que par la diſperſion de ſes parties com-poſantes, abſorbées par des Individus vivans. Celui qui n'eſt père que d'une Fille, exiſte encore materiellement en-elle ; mais il finit à elle : Elle ne pro-page pas la vie de ſes Ancêtres ; elle n'en propage que la matière : Et c'eſt la raison pour laquelle, dans toutes les Nations, l'Homme ſeul continue la Fa-mille du Père : les Anciens qui l'ont éta-blie, cette règle, étaient plus éclairés que nos *Petits-maîtres ſavantas* ne le croient & ne le diſent : Que de verités ſe ſont perdues, dont nous voyons les re-ſultats dans nos inſtitutions, dans nos loix actuelles ! Tout eſt ſage, dans ces loix antiques, qu'une presomptueuse Ignorance voudrait aujourdhui reformer ; tout y était fondé ſur la connaiſſance de la nature : Parceque les Grecs étaient des enfans en phyſique (non pas tous les Grecs, mais ſeulement Ceux qu'on veut bien nous citer), on en conclut que nous ſommes beaucoup plus habiles que tous les Anciens ! Hâ ! nous avons re-couvré quelques verités, mais les an-ciens Kaldes, les anciens Egyptiens en avaient la plenitude.   Petits Aftronomes de nos jours, vous ne favez que de froids calculs, & ces Peuples avaient tout le fyftème du monde, fuivant fa belle ordonnance : Je pourrais vous en donner une faible idée... Mais je me fouviens que j'écris pour les Jeunes-perfonnes : Je vous renvoie, orgueilleux Savans, à un Ouvrage que je ferai fans-doute un-jour fur ces matières, fi quelques années font ajoutées aux années que j'ai deja vecu.   Difons feulement ici, que le Mâle feul donne la vie; que c'eft la raison de fa superiorité, autant que fa force & fa capacité intellectuelle; que la Femme ne donne que la corporéité, le developement; que l'Homme reffemble au Soleil, la Femme à la Terre, & qu'une Femme imperieuse eft un monftre physique & moral.

Une Fille de vingtdeux-ans, noble, riche & belle, avait perdu fa Mère dès l'âge de feize-ans: fon Père était un bonhomme, qui l'adorait, & qui non-feulement lui laiffait faire toutes fes volontés, mais fe plaisait à f'y conformer : —Alons, ma Fille, lui disait-il, ordonne de toi-même, & t'accoutume à gouverner-. Le bon Gentilhomme ignorait, que l'Être le plus faible, le plus incapable, eft toujours celui qui f'accoutume le plus vîte au commandement. *Maximilienne De-l'Imperial* avait, sinon beaucoup d'esprit, dumoins une forte dose de suffisance. Naturellement haute par la trempe de son caractère, elle se vit recherchée pour sa fortune autant qu'adulée pour sa beauté : il n'en falait pas tant pour la rendre impertinente, & elle le fut.

Son air imperieux effraya longtemps les Jeunes-hommes qui pouvaient prétendre à sa main : elle accomplissait vingtdeux-ans, lorsque le Fils d'une Femme très haute aussi, & d'un Père très brutal qui savait la dominer, vit Maximilienne, en-devint amoureux, & temoigna le desir de l'épouser. Ses Parens envisagèrent ce Choix d'un œil different : Le vieux *D'Ango* regarda son Fils en-pitié : Le Jeunehomme n'avait pas la fermeté de son Père à beaucoup-près! c'était un veritable Enfant de Paris. —Quoi! lui dit M. D'Ango, tu choisis Mlle De-l'Imperial! un nigaud tel que toi? Tu veux donc être mené toute ta vie par le bec? —Mon Père, je vous imiterai. —Toi! pauvre sot! Il se trouve autant de difference entre ton Père & toi, qu'entre Hercule & Adonis! Et crois-tu que l'empire que j'ai conservé par ma fermeté, n'ait-rien-coûté à mon repos? à mon bonheur? J'ai dominé ; mais com-

bien de fois, j'ai ſoupiré après la douceur de vivre avec une Femme ſoumiſe,
qui m'obéît ſans que je l'exigeaſſe, ſans que
je paruſſe le desirer ? Croi-moi, D'Ango,
épouse une Nigaude comme toi ; *Simi-*
lis ſimili gaudet (*), & tu primeras ;
car je crois que tu ſeras le plus ſot-.

En-achevant cette diatribe, M. D'Ango-père tourna le dos à ſon Fils, qui ala
ſ'adreſſer à ſa Mère. —M. lle De-l'Imperial, mon Fils ! mais voila penſer ! je
ne t'aurais pas cru capable de tant de
prudence !   C'eſt-la une Fille en-état de
gouverner une maison, de ſe faire reſ-
pecter & craindre de ſon Mari, de ſes
Domeſtiques & de ſes Enfans !... Mais
voudra-t-elle de toi ? —Je ſuis écuier,
ma Mère ! —Oui ; mais elle croira que
tu reſſembles à ton Père ; un Homme
dur, ſans éducation. —Ma Mère, je
vous prie d'engajer mon Père à vous
ſeconder, pour m'obtenir la main de m.lle
De-l'Imperial : Pour elle, j'eſpère la de-
terminer par ma tendreſſe & ma ſince-
rité. —En lui parlant, tu ajouteras, &
par ton reſpect ; ce mot-là eſt eſſenciel
dans ta bouche, avec une Jeune-perſonne,
d'une auſſi - grande naiſſance (car elle eſt
de noble extraction), & auſſi-bien, elevée
que m.lle De-l'Imperial-. D'Ango n'en

____

(*) Chacun ſe plaît avec ſon Semblable.

convint pas ; c'était un petit entêté :
il garda le filence.

En - effet, dès le même jour, ayant
trouvé l'occasion de parler à Maximilienne dans une maison voisine, il tâcha de lui marquer, qu'elle était le terme de tous fes vœux. Maximilienne
fourit : Elle le fit parler ; & trouvant
un petit Avantageux, d'un merite très-
mince, elle f'en-amusa. Le foir, elle
pria fon Père de f'informer des mœurs,
de la capacité, de la fortune qu'aurait
le Jeune D'Ango. —Pourquoi cela,
ma Fille? —Il paraît me rechercher :
& je ne veux plus admettre ici de Jeune-homme, qu'il ne me convienne parfaitement, par la fortune. —C'eft-
prudemment penfer, ma Fille! Dès
demain je m'informerai-.

M. De-l'Imperial ala tout-uniment le
lendemain chés fon Notaire, qui était celui de m. D'Ango; il f'informa des affaires de fon Voisin, & il fut qu'elles étaient
excellentes! que D'Ango, fils unique,
ferait très-riche un-jour; que ce Jeune-
homme était menager, laborieux. Content de ces informations, m. De-l'Imperial, qui desirait fort de marier fa Fille,
fe rendit chés m. D'Ango : Il lui parla
de l'acquisition d'un bien considerable,
qu'il lui proposa de faire à-frais-communs

(il favait que M. D'Ango l'avait trouvé trop cher & de trop d'étendue) : Le Père-D'Ango fut charmé de la propo-sition, & prit jour pour terminer. On envoya fur-le-champ-prevenir le Notaire, que l'acquisition fe ferait par les deux nouveaux Affociés.

Le jour auquel le contrat devait fe paffer, M. D'Ango tourmenté par fa Fem-me & par fon Fils, leur repondit : --Vous croyez que ce n'eft pas affés d'un Maître, qui eft-moi, dans notre maison, & vous pretendez vous en donner un fecond, M.lle De-l'Imperial : Je le veux bien, & dès aujourdhui, je vais la demander à fon Père. Il fortit fur-le-champ-.

Arrivé chés M. De-l'Imperial, il parla dabord de leur affaire : Enfuite, il tou-cha un mot de fon Fils.   Son Voisin lui paraiffant bien difposé, il parla clairement. --Je le veux bien, repondit M. De-l'Impérial : Nous alons acheter un bien qu'il eft dommage de partager : Don-nons-le à nos Jeunes-gens ; ce fera leur dot. --De tout mon cœur ! (f'écria M. D'Ango) : Et f'il faut vous parler vrai, c'était mon intention, quand je penfai à vous proposer de l'acquerir à-frais-communs. --Eft-il poffible ! C'était-auffi la miénne, en y confentant ; je n'ai-me pas à poffeder par indivis, & le partage

était desavantageux. —Voila qui est con-
clu (reprit M. D'Ango). —Soit (repondit
M. De-l'Imperial). —Mais votre Fille?
—Je suis le maître ! (s'écria aussitôt le
Bonhomme De-l'Imperial, qui était
bien sûr des dispositions de Maximilienne).

Les deux Pères alerent faire leur acquisition, que D'Ango paya toute-entière,
& sur-le-champ, ils firent dresser les
articles d'un contrat de mariage. Le
Notaire trouva l'arrangement admirable!
Il avait été très-surpris que deux Presqu'inconnus achetassent ensemble une
Terre, qui pouvait occasionner entr'eux
des procès ; mais quand il vit que ce bien
devenait la dot des Enfans des Acquereurs
qu'on mariait ensemble, il admira la sagesse
des deux Pères-de-Famille, & surtout l'a-
dresse du Baron De-l'Imperial ! Tout é-
tant-fini, chacun s'en-retourna chés soi.

M. De-l'Imperial rendit-compte à sa
Fille de toutes ses demarches ; il triom-
phait surtout de l'idée admirable de la dot.
—Mon Père (lui dit Maximilienne),
je ne vois pas cela comme vous : Ache-
tez seul la terre, & me la donnez; que
M. D'Ango donne autre chose à son
Fils : je ne demande pas que cela excède
ce qu'il voulait debourser : Vous sen-
tez que dans notre siècle, il est impor-
tant-de se - marier separés de biens, & je

fuis bien-aise de retenir pardevers moi mon revenu tout entier : le partage de celui de la terre commune occasionnerait des difcuffions :   Je fuis dailleurs charmée de dire *ma terre*, & j'aimerais autant ne rien avoir, que d'être reduite à dire, *notre terre de ****. —Parfaitement raisonné! f'écria le Père ! mais une fi-forte acqui-sition... —Les D'Ango en-fourniront le prix! —Bien-penfé! Alons, cela fera comme tu le desires... Qu'elle a d'efprit-!

Le lendemain, on rectifia les arran-gemens de la veille; M. D'Ango acheta feul une autre terre pour fon Fils, fans que M. De – l'Imperial le rembourfât, & les articles furent fignés. Le maria-ge fe fit peu de jours après.

La morgue de Maximilienne paffa dabord pour de la nobleffe & de la dignité. Le petit Mari (car quoique D'Ango fût plus agé de deux ans, il était d'une ftature bien-inferieure à celle de fa Femme), le petit Mari, qui avait fes vues de fon côté, voulut jouer l'impor-tant. Maximilienne, qui ne l'avait jugé qu'un fot tout plat, en fut étonnée : elle lui lança un regard qui l'interdit: l'Impe-rieuse fentit l'effet de ce regard, & elle fut contente. Le foir des noces, elle ne fit au-cune des petites façons des Mariées; mais feule avec D'Ango, elle lui dit, –Monfieur,

il faut que je m'accoutume à vous, avant
de vous fouffrir fi près de moi: vous
avez votre chambre ; ayez la bonté d'y
paffer : je vous ferai favoir ce qui fera convenable, dans quelques jours-. D'Ango
voulut repondre : un regard foudroyant
l'aneantit ; il fe fentit dominé par le
Genie de fa Femme ; une voix fecrette lui dit, —Rampe, vil Infecte ;
puifqu'aulieu de la Compagne douce &
complaifante qu'il te falait, tu t'es-don-
né une Dominatrice imperieuse-. Il ne
f'en affligea pas : fes reflexions furent
fuperficielles ; il ne vit que la privation
momentanée ; ce fut tout ce qui l'affecta.

Le lendemain, il parut interdit & confus
au-point, que fa Mère ala demander-grâce
pour lui à Maximilienne. —C'eft un
Enfant (lui dit-elle), par l'innocence,
dans laquelle il a été elevé; pardonnez-
lui des torts qu'il ne connaît pas-! Un
fourire fut la reponfe de la Bru. La
Bellemere fut enfuite très furprife , quand
elle apprit de fon Fils l'exacte verité !
—Mon Enfant (lui dit-elle), tu as une
Femme pleine d'efprit & de merite; laiffe-
toi conduire; elle fera ton bonheur, quand
elle fera fûre de ta foumiffion. —De
ma foumiffion ! (f'écria le Petit-homme) : je veux bien avoir pour elle des
complaifances, de l'amitié!... mais de

la foumiffion !   —Alons, D'Ango (reprit la Mère), vas-tu faire le brutal comme ton Père ? croi-moi, & fuis mes
confeils.   —Ma Femme eft ma femme ;
parlez-lui, je vous en prie, ma Mère,
ou je ne repons pas de moi.   —Doucement, doucement ! les Femmes veulent être doucement traitées !   —Hâ !
je lui ferai voir-....

Maximilienne avait par-hasard entendu
cette converfation : fûre de fon pouvoir, elle fe montre, regarde D'Ango
d'un air de dignité ; elle le fixe, & fon
regard, femblable au rayon du miroir-
ardent, diffipe toute la bouffiffure & la
ridicule colère du Petit-homme. Il f'ap-
procha d'elle, lorfqu'elle ceffa de le regarder, & lui baifa refpectueufement la
main.   —Voila comme il faut fe conduire, mon Fils ! (lui dit fa Mère) : Va,
tu feras heureux fi tu laiffes ta Femme
maîtreffe abfolue.   —Monfieur f'y-op-
poserait envain (dit Maximilienne avec
dedain): je fens ce que je vaux, & je
faurai demeurer à ma place.   —Voi,
mon Fils, avec quelle nobleffe elle f'ex-
prime-! D'Ango ne repondait rien : mais
Maximilienne enchantée, embraffa la Mère
de fon Mari, en lui disant :   —Si toutes
les Belles-mères vous reffemblaient, madame, les Brus feraient trop heureuses !

—C'eſt que je ſuis juſte, & que j'aime mon Fils : Je vois votre capacité; vous conduirez tout à-merveilles; j'en aurais fait autant, ſi je n'avais pas eu un Brutal, & la maiſon en vaudrait-mieux au double-... D'Ango, deja ſubjugué par l'influence de ſa Femme, entrainé par les diſcours de ſa Mère, promit à Maximilienne qu'elle ſerait la maîtreſſe : mais, ce n'était pas de bon cœur.

Dès que les Nouveaux-épous furent en-leur particulier, la Femme diſpoſa de tout en-maîtreſſe abſolue. D'Ango voulut auſſi donner quelques ordres : ils ne furent point executés ; les Domeſtiques ſentirent le neant de leur Maître. Maximilienne n'avait pas été fâchée dabord d'être ſecondée par ſa Bellemère : mais bientôt elle en-rougit, & ne voulut plus devoir ſon empire qu'à elle-même : on l'entendit ſouvent dire que la Mère de ſon Mari était une folie, une bavarde, une femme ſans énergie. Ces propos revinrent à Mad. D'Ango la mère, qui en fut vivement bleſſée ! De ce moment, elle prit parti contre ſa Bru, & donna des conſeils à ſon Fils, pour l'engager à ſe rendre le maître comme ſon Père. Maximilienne ſourit, en voyant cette ligue impuiſſante, & pour la mieux braver, elle resolut de ſ'unir à ſon Beaupere, non pour qu'il la ſoutînt, elle n'avait besoin de Perſonne, mais pour aggraver l'aſſujetiſſement de Mad. D'Ango. Elle fit ſa cour au Brutal, qui ſ'en-trouva flatté ; elle ſut ſi-bien l'empaumer, que le pauvre Homme, qui ſ'était toujours cru beaucoup de fermeté, fut obligé de convenir, qu'il aurait cedé, ſ'il avait eu Maximilienne pour épouse : Il n'en-marqua que plûs de mepris à ſa Femme, & les vues de la *vindicative* Maximilienne furent-parfaitement remplies : mais M. D'Ango fut puni de ſon imprudente conduite avec ſa Bru.

On ſait que M. De-l'Imperial n'avait payé que la moitié de la dot de ſa Fille : il ſ'écoula quelques années, aubout déſquelles M. D'Ango-père demanda un compte, entre lui & le Père de ſa Bru. M. De-l'Imperial ſe fâcha, aulieu de compter, & ſe plaignit à ſa Fille : —Laiſſez-moi faire! (lui dit Celle-ci), je ſaurai mettre à la raison ces petits Ennoblis de deux jours, à qui nous n'avons fait que trop d'honneur-! En-effet, dès ſon entrée chés ſon Beaupère, elle prit un air courroucé, qui lui fit demander par le vieux D'Ango, —Qu'avez-vous, Madame? --Je viens de chés M. le Baron De-l'Imperial : ce mot vous dit tout. —Non: je n'ai pas de torts avec M. le Baron; & il en a, ce me semble, avec moi. —Des torts avec vous, M. le Baron ! —Oui : qu'a-t-il donné, jufqu'à ce moment, à une Fille qui doit lui être auffi-chère ? —Il m'a donné, Monfieur, beaucoup plûs d'illuftration, que vous n'avez-donné de fortune à votre Fils : M. le Baron a un rang dans le monde; il faut qu'il paraiffe : je n'irai pas ôter de l'exiftance noble de ma Famille, pour la donner à celle.., des.. D'Ango : nous vous avons honoré, mon Père & moi ; foyez-en reconnaiffans : Et puifque je veux bien ennoblir votre fortune, par l'usage que j'en fais, vous & votre Fils devez fentir que toute l'obligation eft de votre côté: C'eft le feul parti à prendre. D'Ango-père fut fi étourdi de cette harangue impertinente, qu'il ne put y repondre, & Maximilienne fe retira.

Elle avait eu des Enfans ; deux Garfons & trois Filles composaient fa Famille, aubout de cinq-ans de mariage : Son defpotifme fur eux fut extrême : mais il était plus excusable ; elle les élevait affés bien, quoique cette éducation fût un effet de la dureté de fon caractère : Elle leur infpirait le plus grand mepris pour leur Père, non par fes difcours, mais par fa conduite, & elle fe preparait ainfi une punition meritée. Lorsqu'ils furent grands, elle ne voulut pas marier son Fils-aîné, depeur d'être grand'mère : Elle dit à son Mari & à son Fils, qui la pressaient : —Le mariage de mes Enfans me regarde ; quand il en sera temps, je donnerai à mon Fils une Femme, que je veux qu'il prenne les yeux fermés-. Le Jeunehomme tenait d'elle : il était entêté ; du consentement de son Père, il épousa secrètement une jolie Femme-de-chambre de sa Mère, & vecut avec elle presque sous les yeux de l'Imperieuse, sans qu'elle s'en doutât. Le jour du mariage, Mad. D'Ango, qui était prevenue que sa Femme-de-chambre épousait un bon Parti, mais en secret, la para elle-même, & flatée de conserver à son service la Femme de son Egal par la condition, elle consentit à supporter l'embarras des couches. Voici les motifs du Père, pour ce mariage.

D'Ango fils sachant les resolutions de sa Mère, qui était maîtresse absolue, s'en-attacha davantage à son Père, qu'il mit dans ses interêts : Il n'aimait encore personne : il voulait simplement l'engager à le marier malgré sa Mère, qui ne le saurait qu'après la ceremonie. Mais le Père lui fit observer, que c'était empoisonner le reste de ses jours : —Tu es bien-pressé de te marier ! tu le seras assés-tôt à une

Imperieuse, peut-être-! Le Fils ne savait que repondre, lorsque Mad. D'Ango prit à son service une jeune & jolie Femme-de-chambre, qui paraissait-bien-élevée: c'était une Fille de Province, dont les Parens de bonne-famille & riches autrefois, avaient mal fait leurs affaires. Dès que la jeune & jolie *Maîne-Limart* fut dans la maison, le jeune D'Ango en-devint éperduement amoureux. Il n'osait dabord en-parler à son Père; mais enfin, comme M. D'Ango lui repetait souvent, qu'il serait assés-tôt-marié à une Imperieuse, le Jeunehomme lui dit un-jour: —Si vous le vouliez, j'éviterais ce malheur; je serais parfaitement heureux, & vous-vous vengeriez de ma Mère? —Comment cela? —J'aime passionnement: Vous pouvez me marier à une Jeuneperfonne humble, modeste, timide, & qui jamais ne sera orgueilleuse: Nous pouvons jouer, à ma Mère, sans qu'elle s'en doute, que lorsque vous le voudrez, un tour qui la desolera: J'aime la jolie Maîne; faites-la moi épouser secrettement; ma Mère saura qu'elle sera mariée, à un bon Parti; mais elle ignorera ce qu'il est. Si elle garde Maîne à son service, elle ne verra jamais le Mari, qui est obligé de se cacher: Si elle la renvoie, vous la logerez vous même; elle dependra de vous, & vous serez son protecteur;

Croyez-vous qu'elle soit orgueilleuse ?
—Non : mais une Femme-de-chambre !
—Mon Père, elle est de bonne famille :
mais si j'osais, je vous ferais une ques-
tion? —Fais-la, mon Fils? —N'aime-
riez-vous pas mieux aujourdhui avoir
épousé une Femme-de-chambre, douce, aimable, comme Maîne-? Le Père
rêva; il fut quelque temps à se decider :
enfin, irrité contre son Epouse, il resolut d'avoir le courage de se venger.
Son Fils, ne cessait de lui faire observer, qu'ils ne pouraient-executer leur dessein, qu'avec une Fille de la clâsse de
Maîne. M. D'Ango se rendit enfin : On
demanda Maîne en mariage, comme pour
un Jeune-homme de province, qui l'aimait avant la ruine de ses Parens, mais
qui n'osait l'épouser qu'en secret , & l'on
eut l'art d'empêcher mad. D'Ango d'as-
sister au mariage, qui se fit à minuit.

Tout-cela heureusement executé, Maîne
gardée à la maison, le Jeune D'Ango fut
heureux pendant six ans, & père d'autant
d'Enfans aimables. Il ne parlait pas
de mariage : Sa Mère, qui le voyait
tranquile, & qui ne croyait pas exercer
son empire, lorsqu'elle ne surmontait
pas de resistance, resolut de lui chercher
un Parti, & de le marier. Elle trouva
une Fille riche, mais assés-laide. D'Ango la refusa. La Mère n'en parut pas plus

inquiète : elle favait que fon Fils avait plu à la Demoiselle : d'après cette con- naiffance, elle confeilla aux Parens de ne pas f'arrêter aux obftacles ; elle fit elle-mê- me tout preparer, & fixa le jour, fans dire un mot de-plûs à fon Fils, ni à fon Mari. La veille arriva : Elle-voulut-conduire les D'Ango, père & fils, chés les Parens de la Future. Ce fut alors qu'elle éprou- va une exiftance abfolue, & qui la mit en fureur. Tout ce qu'elle put faire, tout ce qu'elle put dire fut inutile. Elle était dans une fituation fans exemple. Son Fils la bravait, fon Mari, moins fer- me, la fuyait ; fes autres Enfans trem- blaient, & fe tenaient cachés : Maîne feu- le était auprès d'elle : C'était dans fon fein qu'elle depofait fes douleurs. Le bruit était fi grand dans la maison que les Domeftiques crurent devoir avertir, les uns un Commiffaire, les autres le Curé, miniftre naturel de la paix. Ces deux Hommes arriverent en-même temps. Mad. D'Ango expliqua feule fes griefs; tout le monde fe cachait, & fon Fils ve- nait de f'éloigner d'impatience. --Vous voulez marier votre Fils! (dit le Pafteur); Madame! Hé lequel? —Mon Aîné? —Vo- tre Cadet fans-doute ? —Mon Aîné, Monfieur. —Sa Femme n'eft pas morte! —Sa Femme ! —Oui, Madame ; fon Epouse eft vivante ; il en a fix Enfans.

—Mon Fils! —Votre Fils. —Et quand? comment? —Votre Mari est le maître par la loi, Madame, dit le Commissaire; il a pu marier votre Fils quand il l'a voulu; le mariage est bon. —Marié! malgré moi! Et à quî? —A Madame (montrant Maîne.) —A ma Femme-de-chambre! —Oui, ma Mère, dit le Fils en-rentrant; mon Père l'a-voulu, pour que j'eusse une Femme soumise-. Mad. D'Ango tomba en convulsion; on la mit au lit: on fut obligé de la lier; elle resta plus de trois-mois dans une sorte de delire: Elle en est relevée faible; elle vegète, & tout-le monde est tranquile dans la maison de son Mari.

☞ Une Femme-imperieuse est le fleau de tout ce qui l'entoure: sa mort ou ses infirmités sont un avantage poûr sa Famille.

Sujet de la Figure du *Dixième Exemple.*

Aurelie, belle encore, mais dans le plus grand desordre, batue par son Mari, qui la montre à ses Voisines: Elles lui font honte de sa paresse, & Aurelie leur dit:

• C'est bon pour vous autres Femmes du commun!•

X Exemple :

La Femme-pareſſeuse.

Le vice de la pareſſe, ſi dangereux en lui-même pour les deux ſexes, deſtructif certain du bonheur pour les Femmes, eſt beaucoup plûs ordinaire qu'on ne penſe ! Une infinité d'Épouſes, de Filles même ſont inſoigneuſes, malpropres, &c.ᵃ, par un effet de la pareſſe, de ce defaut d'activité, qui peut ſe vaincre par la raiſon, mais qui, ſans elle, nous laiſſerait dans un miſerable abandon, ſemblable à celui des plûs vils Animaux. Il faut le ſurmonter, ce vice, quand il eſt naturel, en ſe preſcrivant à ſoi-même une règle qu'on ne tranſgreſſera jamais. L'ordre ſeul peut remedier à l'inertie, ſource de tout desordre, & mère des crimes les plus atroces, qui trouvent plutôt-entrée dans une âme croupiſſante, que dans celle douée de la plûs énergique activité. Toutes ces Malheureuſes dont la vue revolte, en-feſant rougir, tous ces Infames dont la fin tragique excite l'horreur & la pitié, ſont des Parefſeuſes & des Pareſſeux. Cette verité, qui n'a pas beſoin de demonſtration, doit faire fremir Celles & Ceux qui fentent audedans d'eux-mêmes quelque difpofition à la pareffe.

Aurelie - Tominot était née dans une forte d'opulence. On la fervait enfant ; elle voyait autour d'elle deux Femmes-de-chambres empreffées. Elle était charmante : on lui adreffait deja de corruptrices adulations, qu'elle n'avait pas encote onze ans. L'indolence était le fond de fon caractère : on lui fesait une qualité de ce vil defaut, & loin de f'en corriger, elle f'y abandonnait avec complaisance : Il ne lui nuisait pas encore, dumoins exterieurement ; fes Femmes la vêtaient, l'appropriaient ; Aurelie avait feulement attention de laiffer quelque-chose de negligé dans fon ajuftement, qui câdrât avec fon caractère ; c'était une peine qu'elle daignait prendre. Mais un grand changement fe prepare ! Elle n'avait pas quinze-ans, que les affaires de fon Père commencèrent à fe deranger. Il voulut les reparer ; il monta fur fon dernier vaiffeau ; il voulait voir par lui-même l'état de fes plantations. Le malheur le pourfuivit : il perit, avec les reftes de fa fortune, & laiffa une Veuve peu écono-me & deux Enfans fans reffources.

La nouvelle de cette perte fut un

coup-

coup-de-foudre pour Mad. Tominot &
pour ſon Fils, qui feſait alors ſon droit,
pour ſe donner entrée dans la magiſtra-
ture : mais Aurelie ſortit à-peine de ſon
indolence.

Sa Mère ne l'aimait pas ; toute ſa tendreſſe maternelle ſ'était - depuis longtemps concentrée dans ſon cher Fils,
jeune égoïſte d'un aſſés mauvais-naturel.
Mad. Tominot ſ'aimait cependant elle-
même beaucoup plûs que ſon Fils ; co-
quette ſurannée, elle avait l'ambition de
vouloir plaire ; on la voyait affecter des
airs enfantins ; aulieu de prendre la dignité d'une Mère-de-famille, ſurtout après
ſon veuvage & la perte de ſa fortune,
elle ſ'occupait de miſères, feſait la jeune,
la Femme ſans experience, pour qui tout
eſt neuf. Elle renvoya d'abord les Femmes de ſa Fille, & lui ſignifia, qu'elle eût
à ſ'arranger elle-même. Aurelie fut dans
un grand embaras ! mais enfin, comme
elle ne pouvait deſcendre pour dîter qu'ar-
rangée, elle fit comme elle put. Sa Mère,
en-la voyant la premiere-fois, la tourna en-
ridicule, & parut ſ'étudier à la livrer au mepris des Domeſtiques qu'on avait conſervés.

L'Un d'eux, qui avait ſervi M. Tominot avec beaucoup de zèle, fut touché
de compaſſion pour la Fille de ſon Maître :
Il ala trouver Un des Amis du Défunt,

& lui fit une peinture touchante du fort
d'Aurelie devenue pauvre, étant haïe
de fa Mère. L'Ami fut touché de ce
tableau. Il avait un Neveu, affés mau-
vais-fujet, pour qu'il n'eut encore pu le
marier. M. *Felix* penfa qu'Aurelie était
jeune, très jolie, qu'elle ne manquait pas
d'efprit, il l'avait entendue très-bien
raisonner; il resolut d'en faire la femme
de fon Neveu : —Malheureuse pour
malheureuse, penfa-t-il, mieux vaut l'ê-
tre par un Mari, que par une Mère.
Dailleurs je ferai-là pour la defendre;
aulieu qu'à-present, je ne puis rien pour
elle-! D'après ce raisonnement, M. Felix
donna fciemment à la Fille de fon Ami, un
Mauvais-garnement, dont il ne favait que
faire, & qu'il était prêt d'envoyer aux Iles.
Mad. Tominot ne fit pas la moindre
objeſtion, quoiqu'elle connût bien le
Neveu; elle fe trouvait trop-heureuse
qu'on la voulût debarraffer de fa Fille.
Pour Aurelie, elle aurait accepté le plus
horrible & le plus mechant des Hommes,
pour fe fouftraire à la haîne & aux raille-
ries amères de fa Marâtre, depuis qu'elle
n'avait plus fon Père pour la foutenir.

Neragout (c'eft le nom du Neveu de
M. Felix), ne connaiffait pas Aurelie,
fon Oncle ne l'ayánt jamais osé mener
chés fes Amis. Depuis la perte de fa

fortune, m.ᶦᶦᵉ Tominot ſortait à piéd, ſouvent très-negligée : Le jour même, que м. Felix dit à ſon Neveu, qu'il alait le marier avec m.ᶦᶦᵉ Tominot, fille de feu ſon Ami, ſ'il ſavait ne pas ſ'en rendre indigne, Neragout trouva Aurelie ſeule, dans une petite rue étroite. Elle lui parut jolie, & ſuivant la perverſité de ſon naturel, il l'inſulta. L'Indolente ne ſ'en preſſait guère davantage ; ce qui augmenta l'inſolence de Neragout : Enfin il paſſa du monde. —Monſieur, dit alors Aurelie, voudriez-vous me faire le plaiſir de bâtonner cet Inſolent, qui m'inſulte? —Elle ne m'a rien dit ! (ſ'écria Neragout) : je l'ai priſe pour-... On ne lui permit pas d'achever : les Pariſiens ſont aſſés zèlés pour les Jolies-femmes; on lui adminiſtra quelques coups de canne. Le Lâche ſ'enfuit, & le Defenſeur, étonné de ſa victoire, offrit ſon bras à la Belle, qui l'accepta. Par un effet de ſon indolence naturelle, Aurelie ſ'appuyait nonchalamment. L'Homme crut que c'était familiarité; il haſarda des diſcours-très galans, mais polis, qui firent ſourire la Jeune-perſonne. Il ſ'enhardit inſenſiblement à lui parler clair. Aurelie était innocente, & ne le comprenait pas; mais elle arriva dans le moment à ſa porte; elle quitta le bras de l'In-

connu, lui fit une reverence, & rentra.
Cet Homme surpris de la belle apparence
de la demeure d'une Fille mal-mise, s'informa; il apprit que c'était la Demoiselle
de la maison : alors ses idées changèrent :
Il ne vit plus que de la candeur, où il avait
crut decouvrir de la facilité; il fut au-deses-
poir de s'être mal conduit, & se promit
d'en faire ses excuses; car son cœur était
touché; la passion que la beauté d'Aurelie avait excitée, s'épura; elle devint
respectueuse & tendre, d'emportée qu'elle
avait-été dabord.

Tandis qu'il reflechissait, Aurelie reparut; elle alait à deux pas. Il l'aborda;
elle sourit.   M. *Le-Blanc* debuta par
des excuses; il temoigna combien il s'es-
timait heureus d'avoir eu l'honneur de
parler à m.lle Tominot! —Sans vous connaître, mademoiselle, ajouta-t-il , j'ai
senti combien vous étiez aimable : mais
à-present, que je suis plus éclairé, j'ose
vous presenter un hommage digne de
vous.   Cependant un mot de votre jolie
bouche doit m'autoriser ? —On me des-
tine m. Neragout.   —Neragout-Felix !
—Lui-même. —Et .... vous l'aimez?
—Hô-non. —Vous ne le haïssez-pas?
—Mondieu-non. —C'est un .. mechant
sujet ! —Oui, on le dit. —Et vous ne le
deteflez pas ?   — Je vous dirai,... que je

ne l'ai... jamais vu. —Hâ ! je reſpire !
—Si vous le permettez, mademoiselle, je
vous garantirai du malheur d'être à un
Vaurien ? —Mondieu ! monſieur, volontiers ! ... Mais, comment... ferez-vous ?
—Je vous demanderai pour moi-même. —Hâ ! je le veux bien, quoique je ne
vous connaiſſe pas non-plûs ! je ne ſaurais
avoir pis que Neragout. —Je ne voudrais
pas lui reſſembler, pour tout-au monde!
—En-ce-cas, vous me rendrez un grand
ſervice ! car Maman ne demande pas-
mieux que de ſe debarraſſer de moi-.

Celui qui venait-de parler, n'était pas
riche ; mais il croyait que m.^lle Tominot
l'était : c'était un Jeune-homme de trente-
deux ans, d'une honnête-famille, qui atten-
dait une Heritière, pour ſe marier. Il ne
fit aucune information ; il croyait connaître la maison , & demanda Aurelie
dès le lendemain.

Mad. Tominot ne fut pas fachée de
cette nouvelle demande ; non qu'elle eût-
envie de preferer le nouveau Pretendant,
mais elle eſpera faire ſes conditions
meilleures, & ſe diſpenſer de rien donner,
pas même un trouſſeau, en-diſant que
le Nouveau-venu prenait ſa Fille avec
les ſeuls habits qu'elle avait ſur elle.
M. Felix n'avait pas envie de chicaner ;
il ſavait qu'il riſquait le tout pour le

tout, & qu'Aurelie alait être sacrifiée: mais une Fille pauvre ne valait guère la peine qu'on examinât les choses de si-près.   Il confentit à tout : les arrange-mens furent precipités, & la veille du mariage, les deux Jeunes-gens furent presentés l'un à l'autre, comme devant être unis le lendemain.

Aurelie, en-voyant Neragout, fe mit à rire.   On lui demanda, pourquoi? Elle rendit-compte de l'attaque qu'elle avait-effuyée de la part de ce Monfieur, dans la rue *du Renard*, des coups-de-canne qu'il avait reçus, & des pro-positions que lui avait faites fon Succef-feur.   L'Oncle regarda fon Neveu de-travers, & lui dit, qu'il meriterait que m.^lle Tominot preferât M. Le-Blanc, à un Libertin qui...   —Ne le grondez-pas ! (dit Aurelie): au-fond, c'eft que je lui plaisais.   —Voila precisement ce que j'alais dire ! (f'écria Neragout); & je n'ai point infulté ma Pretendue; au-contraire: car-....

Il en était à ce *car*, lorfque M. Le-Blanc parut.   Il venait d'apprendre, que malgré les efperances que MAD. Tominot lui avait données, elle concluait avec Neragout.   En voyant Aurelie, finon gaie, contente, dumoins fort tranquile, il crut devoir commencer par fe plaindre à elle. —Moi, monſieur ! je ne ſuis pour rien là-dedans ! on ne m'a pas conſultée ! c'eſt tout-à-l'heure qu'on m'a dit que j'épouſais Monſieur, que je n'avais jamais-vu, ſi ce n'eſt cette fois ... ſans le connaître ... le jour que vous ſavez. —Vous ne vous opposerez donc pas à ce que je reclame auprès de madame votre Mère, la parole qu'elle m'a donnée ! —Mondieu-non-! M. Le-Blanc ſ'adreſſa ſans differer à mad. Tominot, qui le prit en-particulier. Elle l'aſſura qu'elle le preferait: mais que ſachant qu'il n'était pas riche, & ſa Fille n'ayant rien, rien du tout, elle croyait devoir la donner au Neveu d'un Homme, qui paſſait là-deſſus, par des raisons particulières. M. Le-Blanc avait attentivement écouté le mot *rien* ; —*Rien! rien du-tout!* (repeta-t-il) —Non, monſieur, pas même de trouſſeau, ni d'habits de noces; ſon Futur les donne. —Alons, madame, je vois que je dois ceder à un Plus-heureux. Mais quel triſte ſort, pour une Fille comme m.^{lle} Tominot ! un Neragout ! le Fat le plûs vil, le plus lâche, le plûs meprisable ! —En perdant la fortune, monſieur (reprit madame Tominot), on perd auſſi toutes les pretentions au bonheur.... Adieu, monſieur Le-Blanc-.

En-ſortant, l'Amant éconduit voulait éviter de voir Aurelie; mais elle l'aperçut,

& l'appela : —Hé-bien ? que dit ma Mère ? —Elle eſt inflexible. —Alons donc ! il faudra faire ce qu'on veut de moi : Ce Neragout eſt bien-laid , bien me-chant ! à ce qu'on dit ;... mais je le pre-fère, à reſter ici, où je ſuis obligée de tout faire , & de me ſervir moi-même-. Ces derniers mots parurent ſinguliers à M. Le-Blanc, qui ſ'éloigna, quoiqu'à regret. S'il avait été riche, il aurait épousé Aure-lie : Mais aurait-il été heureux ?

Cependant M. Felix, reſté ſeul avec ſon Neveu, parcequ'Aurelie était ſortie auſſitôt que ſa Mère, fesait des remontran-ces au Libertin. —Je l'aurai, mon Oncle, repondit ce Dernier ; l'air du bureau eſt pour moi-. Effectivement le lendemain Aurelie devint Mad. Néragout.

Tout ce qu'on pouvait prevoir d'une pareille union arriva. M. Felix ſ'y était preparé : Il ſurveillait ſon Neveu, & le contenait dans certaines bornes. L'iner-tie d'Aurelie ne la rendait cependant pas toujours inſenſible à ſes écarts ; ils avaient des querelles violentes : mais enfin, elle était moins malheureuse qu'une autre Femme, par ſon caractère , & par ſa position ante-cedente. Son caractère lui fesait trou-ver le plus grand des plaisirs dans l'inac-tion ; elle aimait à vegeter, & il falait tout l'attrait d'un plaisir piquant, tel que

le ſpectacle, qu'elle aimait à la fureur, pour
la tirer de ſon aneantiſſement habituel :
elle en ſortait alors avec une ſorte d'impatience; rien n'alait aſſés vîte; elle au-
rait-voulu que tout ſe fût-fait-en un-inſ-
tant, ou qu'il lui eût été poſſible d'aler
en peignoir : Sa poſition antecedente lui
feſait trouver ſon ſort actuel preferable, à
celui de Fille malheureuse.

La ſituation d'Aurelie, depuis ſon mariage était donc ſupportable : M. Felix entretenait l'aiſance dans la maiſon, & reprimait
les folies de ſon Neveu : Mais cet Honnête-homme mourut ſubitement, à la fin
de la première année, ſans avoir fait aucun
arrangement teſtamentaire. Neragout ſe
trouva donc maître de lui-même & de
ſa fortune. Ce fut alors qu'il ſe livra
tout-entier à la depravation de ſes goûts.
Aurelie n'aurait-pas-été-écoutée, quand
elle aurait fait deſ remontrances ; mais
elle était loin d'en faire ! & ſa negligence, ſon peu de ſoin, acheverent de
laiſſer perdre ce que ſon Mari prodiguait.
En trois ans, elle retomba dans la miſè-
re, que M. Felix avait voulu lui faire
éviter, en-la mariant à ſon Neveu, On
vendit la belle maiſon de l'Oncle : Neragout mangea l'argent, & ſe-logea dans
un trou de la rue *Bethiſi*, où il n'occupa
qu'une chambre. Aurelie ainſi logée,
en fut reduite non-ſeulement à ſe paſſer

de toute espèce de Domestique ,. mais ?
devenir celle de son haïssable Mari, qui
exigeait les services les plus bas ; elle fut
sa raccomodeuse, sa cuisinière, sa decro-
teuse !...   Cette situation rendit Aurelie
la plus malheureuse des Femmes; sa vie
ne fut plus qu'une peine continuée. Lorsque Neragout rentrait, s'il ne trouvait
pas son dîner prêt, la chambre propre,
il commençait, avant de parler, par
frapper sa Femme: Elle criait, car les Pa-
resseuses crient plus fort que d'Autres.
Les Voisines accoururent dabord. Le
Mari ne s'amusait pas à se justifier ; du
doigt il leur montrait la malpropreté ;
de l'autre son nerf-de-bœuf. D'autres
fois, il alait chercher ses bas troués, qu'il
lui avait ordonné de racomoder, ses souliers couverts de boue ; il montrait ce qui
appartenait à sa Femme dans la même situation. —Suis je votre servante ! (s'ecriait
Aurelie). Les Voisines, toutes femmes
du commun, qui étaient non les servantes,
mais les aides de leurs Maris, lui repon-
daient, que c'était le devoir d'une Femme.
—C'est bon pour vous autres Gens - du-
commun (leur dit un-jour imprudemment
Aurelie). Aussitôt toutes les Voisines se
retirerent : —Laissons Madame ; nous ne
sommes pas dignes de nous mêler de ses
nobles affaires !... Monsieur, dirent-elles
au Mari, arrangez-vous comme vous

voudrez ; mais foyez bien fûr, que nous
ne viendrons plus mettre les hôla-!

Depuis ce moment, Aurelie, qui ne
pouvait furmonter fa pareffe, fut tous
les jours battue; fes cris, fes hurlemens
ne touchaient Perfonne; elle prit le fage
parti d'être exacte à fon devoir. Son
Mari f'était fait écrivain public : il gâ-
gnait trente à quarante fous par jour,
dont il ne donnait à fa Femme que la
moitié pour la depenfe de la maison ;
il falait qu'elle économisât, qu'elle rac-
comodât tout, qu'elle fût d'un foin fans
égal, ou elle était moulue de coups.
Elle vecut ainfi quelques années, aubout defquelles fon mechant Mari vint
à mourir.   Elle fe crut alors d'autant plûs
heureuse, qu'elle avait pris l'habitude du
travail, de l'occupation, de la propreté;
la Famille de fon Mari lui fit-une petite
penfion : Aurelie fe crut au comble du
bonheur.   Mais fon malheureus vice do-
minant n'étant plus fans-ceffe chaffé par le
bras vigoureus de fon Mari, la pareffe f'empara d'elle plûs que jamais :   Elle reftait les bras croifés, lorfque le goût du
plaisir ne la tirait pas de fon neant :
elle ne foigna ni fes habits, ni fes meubles; on la trouvait dans une chambre
fale, couverte d'habits craffeus; elle
était gaie neanmoins, & elle parlait avec
une volubilité, qui l'aurait fait croire vive:

Car c'était encore un de ſes defauts, d'être bavarde : quand elle pouvait tenir Quelqu'un, Homme ou Femme, elle parlait des journées entières : elle employait tous les moyens de vous retenir, excepté celui de vous donner à manger, parcequ'il aurait falu ou le preparer, ou l'aler chercher, ou y envoyer ſon Convive ; or elle ne pouvait ſ'y resoudre ; elle n'aurait plus été à la converſation.

Avec ces defauts, Aurelie, malgré ſa penſion, tomba dans une misère ſi-profonde, qu'on l'a vue reduite à pleurer ſon Mari. —Je vivais dumoins avec lui, je mangeais du chaud ; il me forçait à ſortir de mon neant, de ma pareſſe naturelle, que je ne puis ſurmonter ſeule-! Elle alait juſqu'à dire, comme une Petite-fille très-naïve, que ſon Père careſſait, —Ne me careſſez pas, mon Papa ! vous alez me gâter ! Maman l'a dit-: de-même, Aurelie, louait la memoire de feu ſon Mari : —Je ne ſavais-pas (disait-elle), que c'était precisement l'Homme qu'il me falait, pour me dompter ! hâ ! le pauvre Homme que je le regrette-!

Dans cette malheureuse ſituation, M. Le-Blanc, devenu riche par un coup-de-fortune, & par ſon adreſſe, ſ'informa d'Aurelie : Il apprit qu'elle était veuve : Il lui fit demander la permiſſion de la voir. Aurelie tranſ-

portée de joie, manda une Feseuse-de-
menage pour tout approprier chés elle :
Cette Femme-promit ; mais elle n'en eut
pas le temps : Aurelie voulut mettre la
main à l'œuvre, & ſe decouragea ; elle était
aſſiſe pleine de ſueur & de pouſſière, quand
M. Le-Blanc arriva. —Hâ ! Monſieur !
comme vous me trouvez ! —Il eſt vrai,
Madame : mais vous étiez prevenue. —On
m'a manqué de parole. —Quoi ! ſans ma
venue, vous ſeriez ainſi-?... Le degoût
éloigna pour jamais un Homme, que le ſentiment le plus vif avait ramené ; il diſparut
& ſe contenta de faire une petite penſion,
à Celle qui aurait eu ſa perſonne & toute ſa
fortune, avec un-peu de ſoin d'elle-même.

Aurelie vegete encore aujourd'hui,
dans une chambre ſur le derière, où
Perſonne n'oſe entrer-?

☞ La Pareſſe eſt la mère de la Malpropreté, de l'Abandon, du Degoût ; c'eſt
un vice deſtructeur de toute Felicité.

Sujet de la Figure du *Onzieme Exemple.*

Roſalie devant ſa Chapelle, recitant l'office
avec ſes trois Enfans, un Garſon & deux Filles,
& ſa Femme-de-chambre : Son Mari ſurve-
nant, elle lui dit :

» Vous êtes bien bon, de vous rappetiſſer
» juſqu'à nous ! «

XI Exemple :

La Femme - devote.

La vraie devotion eſt un charme de plûs : la fauſſe eſt le plûs dangereux des vices.

Une jeune Brune vive & charmante, élevée par une Mère pieuse, était la ſeule de trois Enfans, qui fût propre au mariage. L'Aînée de ſes Sœurs était boſſue, & la Seconde ſi laide, que jamais un Parti convenable ne ſe fût preſenté pour l'obtenir. *Roſalie* la troisième était petite, mais moûlée par les Grâces, & au-moyen d'une chauſſure-très-élevée, elle paraiſſait d'une tâille ordinaire. Ce qu'elle avait de plûs aimable, était un visage uni, tel que l'auraient eu la Candeur & la Serenité, ſi ces deux vertus perſonnifiées revêtaient un corps, avec deux beaux yeux noirs, doux, quoique brillans, dont le regard ſemblait demander les cœurs. Cette aimable Fille était digne d'être heureuse : Un Homme revêtu d'une charge dans la robe, eſtimé de tout le monde, dans l'âge de la maturité commençante, & encore très-aimable, remarqua Rosalie à l'église, & desira d'en faire ſa compagne. Il n'était cependant pas devot : c'était un des plûs zelés Admi-

LL

rateurs des *Rouſſeau*, des *Voltaire*, des *Corneille*, des *Racine*, des *Molière*, des *Crébillon*, des *Renard*, des *Lachauſſée*, des *Destouches*, des *Prevôt*, des *Richard-ſon*, des *D'Alembert*, des *Marmontel*, des *Diderot*, des *Raynal*, des *Blin-de-Saint-More*, des *Mercier*, des *De-la-Harpe*, des *Florian*, des *Dorat*, des *Boufflers*, des *Cubières*, des *Touſtain* (*) &c.ᵃ, &c.ᵃ C'eſt-à-dire, que cet Homme aimait notre Litterature, nos grands Hommes, & nos Hommes-de-merite, en Amateur éclairé. Il n'en goûta pas moins la devotion douce, onctueuse de la Mère de Rosalie, lorſqu'il la connut ; & ſ'apercevant que la Jeune-perſonne en avait une auſſi-pure, auſſi-vraie, & plus douce encore, ſa piété lui parut un charme de plûs.

M. *Richer* decouvrit qu'une Dame veuve & pieuse de ſa connaiſſance, était liée particulièrement avec ᴍad. *Prunelier :* Ce fut elle qu'il pria de preſſentir la Mère & la Fille. Leur re-

____

(*) Ce Litterateur eſtimable a fourni une infinité de pièces intereſſantes à differens Journaux, à l'*Encyclopedie*, &c.ᵃ : il fait imprimer beaucoup de Productions abſolument familiaires, qui ne reſpirent que l'amour de la vertu. Il ferait à ſouhaiter qu'elles fuſſent entre les mains de toute notre jeune Nobleſſe ; mais ᴍ. De-T. ne les a deſtinées qu'à ſes Enfans. (On a de lui deux Ouvrages nouveaux très-eſtimables, *la Morale de Moïſe, & la Morale des Rois*).

ponfe, fut la permiffion de fe presenter,
Il demanda Rosalie en mariage : —Monfieur (lui repondit madame Prunelier),
Rosalie-eft ma cadette, & la-feule de
mes Enfans que je deftine au mariage.
J'ai un principe, c'eft qu'on ne doit-
mettre dans cet état que des Etres bien-conf-
titués : C'eft outrager l'Etre-Suprême
& la Société, que de chercher à pro-
pager des difformités : mes deux Filles-
aînées, élevées dans ces principes, ayant
la crainte de Dieu & le bon-fens, ont
prevu à quoi elles f'exposeraient, en-
entrant dans le mariage, fans avoir ce
qui en-adoucit la chaîne : C'eft volontiers, qu'elles fe font reünies à moi, pour
faire un fort plus avantageus à leur Cadette, qui fera leur donataire univerfelle un-
jour, & qui, en-attendant, recevra d'elles,
par fon contrat de mariage, la moitié
de ce qu'elles poffèdent du bien de leur
Père. Cette conduite de mes deux Filles-
aînées, vous annonce un excellent caractère, & j'efpere qu'elles trouveront
dans l'Homme qui époufera leur jeune
Sœur, un bon Frère, un bon Ami, un
fecond Père en-un-mot. On m'a dit
tant de bien de vous, monfieur, que
je vois que vous êtes Celui que Dieu
deftine à faire-le bonheur de ma Fille
en-ce-monde, & que vous ferez plutôt

un-aide, qu'un obstacle à son salut. Je
vous accepte-donc; vous priant de venir nous voir quelquefois, en-attendant
que nous nous engagions, afin de nous
connaître reciproquement-. M. Richer
vit tant de raison & de philosophie dans
ce discours, qu'il conçut la plûs-haute
estime pour Mad. Prunelier: Il la lui
temoigna, & lui dit, qu'il était au comble
de sa joie, de connaître enfin une Personne pieuse, qui lui rendait la devotion
respectable, comme il esperait que Mlle
Prunelier la lui rendrait aimable un-jour.
—Vous parlez franchement (lui repondit la Mère de Rosalie), & je vous en-
estime davantage : mon cher Monsieur,
la meilleure preuve que vous pourrez
jamais avoir de la verité de la relîgion,
sera la conduite de votre Femme, si
vous épousez ma Fille. —Mon plus
grand malheur à-present, Madame, serait
de ne pas être votre gendre ! —Il en-
est-un plus grand, c'est le peché; vous
êtes le maître de les éviter tous-deux-.
Mad. Prunelier appela Rosalie, & ses
deux autres Filles : Elle leur dit, que
M. Richer leur fesait l'honneur de rechercher leur alliance, & qu'il demandait la main de Rosalie. Cette Dernière
rougit, & baissa ses beaux yeux noirs:
les deux Aînées prirent un air riant;

elles s'approcherent de l'Amant de leur Sœur, & lui montrèrent tant de joie & de politesse, un si-excellent caractère, qu'il vit bien qu'il avait plu à toute la Famille. Il resta longtemps, & se penetra d'estime pour Rosalie, pour sa Mère, & pour ses Sœurs. En-les quittant, il courut chés la Dame, amie commune, pour la remercier du bien qu'elle avait dit de lui : ——Vous m'avez-imposé de grandes· obligations ! (ajouta-t-il) : Car il ne faut pas que ma conduite demente vos discours, & je vous promets d'y faire mes efforts : Je me-recomande à vos excellentes prières, & j'ose vous engager à m'obtenir une part dans celles de Mad. & Mesdemoiselles Prunelier-.

Ce dernier mot fit merveille sur l'esprit de la Dame amie : A-peine M. Richer l'eut quittée, qu'elle-courut s'acquiter de sa commission. Elle trouva toute la Famile a genoux.

Aussitôt que M. Richer avait eu pris congé des Dames, la Mère avait demandé à Rosalie dabord, ce qu'elle pensait de son Pretendu ? Si elle croyait qu'elle pût remplir avec lui ses devoirs d'Epouse, sans repugnance ? La Jeune-personne avait repondu timidement, Qu'elle l'esperait. Ensuite la Mère s'était adressée à ses deux autres Filles. L'Aînée (la boſſue) avait dit beaucoup de bien de M. Richer, & la Cadette (la laide) encore davantage. La bonne Dame ayant ainſi l'avis de ſa Famille, ſ'était mise à genoux, en-disant : —Mes Filles, implorons la Protection-divine pour nous, & demandons à Dieu, qu'il mette dans le cœur de l'Homme qui va entrer dans notre maison, les ſentimens qui lui ſont agreables. Elle commenca un cantique de reconnaiſſance, tiré de l'Ecriture, & ſes Filles en-disaient alternativement les verſets avec elle, lorſque la Dame-amie arriva.

Elle leur fit part de la visite de M. Richer, & leur rendit ſon diſcours mot pour mot. Les Dames en-furent ſi-édifiées, que toutes Cinq ſe rendirent à l'église, d'où elles alèrent visiter les Pauvres-malades de la Paroiſſe, & quelques Vieillards, qu'elles ſoulageaient.

Le lendemain, M. Richer parut à la même heure que la veille. On le connaiſſait deja : la converſation fut confiante & familière : Il était enchanté ! Il repeta plusieurs-fois, qu'une maison où règnait la vraie piété, était un paradis. C'eſt qu'il vit comme les trois Sœurs agiſſaient entr'elles, avec leur Mère, & envers les Domeſtiques. Ils étaient trois, un Valet, marié à la Cuisinière, & une jeune Femme-de-chambre, particulièrement attachée à Rosalie, la seule dont la coîfure demandât le fecours d'une main étrangère, cette Jeune-perfonne étant-mife comme il convenait à fa condition : ce que fa Mère appelait, l'enfeigne du ma-riage ; comme elle difait que la modefte parure de fes deux Aînées, annonçait la retraite. L'innocence & la candeur de Rofalie étaient raviffantes, furtout pour un Homme-du-monde : la bonté de fes deux Sœurs, le caractère adorable de la Mère, & fa tendreffe pour fes Filles l'en-chantaient : M. Richer penfait, il difait quelquefois, —Ce n'eft qu'ici où j'ai trouvé la nature ! Hâ ! qu'elle eft aima-ble ! qu'elle eft refpectable & fainte, quand elle n'eft pas corrompue par les Hommes-! Son ton attendri, penetré, marquait combien il était fincère. Quand il fut forti, après cette feconde vifite, mad. & mesdemoiselles Prunelier fe jetè-rent à genoux, pour remercier Dieu, de leur avoir envoyé cet Honnête-homme.

Les vifites fuivantes les confirmèrent dans leur bonne opinion de m. Richer. Elle n'eurent bientôt plus aucun doute, que ce ne fût l'artifan-de leur bonheur à toutes : On fe rendit à fon empref-fement, & le mariage fe fit.

Le jour arrivé, m. Richer, qui vou-lait fe rendre de plûs en-plûs agréable à fa

Future & à sa Famille, disposa tout, pour que la journée de son heureux mariage fût-employée au soulagement des Infortunés. Après une messe solemnelle, & un dîner de Famille, pour tous les Parens & Amis, les deux Epoux avec une des Sœurs s'éclip-sèrent,& suivant la liste que M. Richer s'était procurée, ils visitèrent tous-trois les Malades & les Pauvres de leur Paroisse, qu'ils soulagèrent. Cette occupation prit toute la journée, on ne rentra que le soir, pour le souper. Personne ne savait leur secret, pas même Mad. Prunelier, qui ne l'apprit au retour, que par sa Fille aînée, qui avait accompagné les deux Epoux. L'excellente Femme fut ravie de ce qu'elle entendait, & elle en-remercía Dieu. On vit bien pendant le souper, qu'elle était extrême-ment contente de son Gendre ; car elle lui parlait avec une satisfaction si vive, qu'elle animait tous ses traits : Mad. Prunelier avait-été-très belle femme ; les defauts de ses deux Filles, venaient de la laideur & de la mauvaise conformation de leur Père ; & ce qu'il y-a de particulier, c'est que Rosalie, si jolie, si aimable, ressemblait aussi à son Père ; mais en elle tous les traits de la Famille paternelle étaient embellis.

A l'heure de se retirer, Mad. Prunelier conduisit sa Fille dans la chambre nup-tiale : car il avait été decidé, qu'après fon mariage, M. Richer demeurerait avec fa Bellemère & fes Bellefœurs, afin de donner un appui à la piété de fa Jeune-épouse, & de profiter luimême de leur édifiante fociété : En-remettant Rosalie à fon Époux, cette bonne Mère dit à fa Fille : —Ma chère Enfant, vous alez avoir de nouveaux devoirs à remplir: fongez qu'à-prefent, c'eft par la bouche de votre Mari que Dieu va vous parler: la pre-mière de vos vertus, c'eft la deference à fes volontés; y refifter, ferait desobéir à Dieu même. Adieu, ma chère Fille! je te laiffe avec ton premier Ami, Celui qui t'eft le plûs proche au monde, fans en excepter ta Mère; j'étais ta première parente, ta première amie; je ne fuis plus que la feconde-. Elle embraffa deux-fois Rosalie, enfuite fon Gendre, en-lui di-fant : —Mon cher Fils, votre belle conduite d'aujourdhui attirera les benedic-tions de Dieu fur vous : Remerciez-le de vous en-avoir infpiré le deffein. —Oui, ma Mère : je ne ferai pas un obftacle à la piété de mon aimable Com-pagne; aucontraire : je ne faurais voir fa pieté tendre & la vôtre fans un de-licieux attendriffement. Nous alons at-tendre que vous foyiez libre, avec vos cheres Filles, pour faire la prière du foir en-commun; je n'y manquerai pas même

aujourdhui : c'eſt le jour où j'ai le plûs de besoin des grâces que vous demanderez pour moi & pour votre chère Fille-. Mad. Prunelier ne pouvait contenir ſa joie. Elle courut lannoncer à ſes Filles cette bonne nouvele : On prit congé de tout le monde, & l'on ſe hâta de rejoindre les nouveaux Epous. On les trouva tous deux agenouillés ; Rosalie demi panchée dans les bras de ſon Mari, qui prononçait tout haut cette prière : »——Mon Dieu ! je vous re-
» mercie de m'avoir donné cette aimable
» Compagne, qui vous aime, & vous
» rapporte toutes ſes actions, comme à
» la ſource de ſon Être, ſon Père &
» le mien ! Elle eſt ma ſœur, & mon
» épouse ; car nous ſommes tous-deux
» vos enfans : Je veux vous aimer com-
» me elle vous aime ; vous honorer, vous
» rendre hommage à ſa manière, qui me
» paraît plus affectueuse & plus-filiale que
» la miénne ! Et vous, ma charmante
» Compagne ! vous qui alez changer en-
» plaisir pour moi les peines de la vie,
» ſoyez toujours auſſi-pieuse, auſſi-de-
» vote ; attirez ſur votre Epoux, ſur
» les Enfans que vous lui donnerez, ſur
» toute notre maison, la rosée des be-
» nedictions celeſtes ! Vous êtes un Ange ;
» vous en-aurez la douceur & la bonté.
» C'eſt ſous ce point de vue que je veux

» vous confiderer, vous honorer, en-mê-
» me-temps que je vous cherirai comme
» mon Epouse.   Voila l'engagement que
» je prens avec vous devant Dieu, &
» que je renouvelerai devant votre excel-
» lente Mère & vos bonnes Sœurs ».

—Elles l'ont entendu, mon cher Fils!
(dit Mad. Prunelier, en-entrant), & elles
n'ont plus qu'à remercier Dieu. On
fit la prière du foir, que Mad. Prunelier
abregea un-peu, on f'embraffa enfuite :
Les deux Sœurs firent mille careffes à
Rosalie & à fon Mari; enfin on fe-
quitta dans un contentement fi parfait,
que la Mère & fes deux Aînées fe trouvaient
auffi heureuses que les nouveaux Epoux.

Refté feul avec fa chère Rosalie, M. Richer étudia dans fes yeux jufqu'à fes
moindres desirs, & f'y conforma.   Il la
laiffa libre, après lui avoir dit les choses
les plus tendres, & fe-retira dans fa
chambre particulière.   Rosalie ferma
fa porte, lut le Livre de Tobie, & fe
mit au lit après deux heures de leéture.
Le lendemain, fon Mari trouva le livre
ouvert, à l'endroit du mariage de Sara
& du jeune Tobie : fans demander d'ex-
plication, il fe conforma en-tout à ce
qu'il venait de lire.   Cette conduite chre-
tienne acheva de lui gâgner le cœur de
toute la Famille, & furtout de Rosalie.

Jeune,

Jeune, naïve, belle, elle avait une piété fincère, enfantine, mais qui n'en était que plus
delicieuse. Son Mari refpectait fes occupations, fes amufemens ; il y donnait plûs
d'importance que mad. Prunelier elle-
même, qui fe mettait quelquefois audeffus de certaines minucies : Mais la
complaifance de fon Gendre la charmait !
& elle favait bien la faire valoir à fa
Fille. Celle-ci était fi enfant, qu'elle
avait une petite chapelle dans fon appartement, où elle difait fon office aux
heures, avec fa Femme-de-chambre, auffi
jeune qu'elle, mais moins devote : Si
m. Richer entrait durant cette occupation, il prenait auffitôt un air recueilli,
ouvrait un livre, & achevait l'office avec
fon Epoufe, difant le même verfet qu'elle,
pour marquer leur union. Ordinairement, lorfque l'office était-achevé, Rofalie lui fautait au cou la larme à l'œil de
joie & d'attendriffement.

Mad. Prunelier troublait un-peu cette
jouiffance delicieufe : elle difait quelquefois à fa Fille : —Vous avez plûs de
grâces à rendre à Dieu qu'Une autre : Ce
qui vous ferait meprifer d'un Mari ordinaire, vous fait aucontraire cherir du
vôtre : Beniffez-en Dieu, mais, ma chère
Fille, il eft temps de quitter ce que votre
conduite a de trop enfantin ; foyez fûre

que votre Mari ne l'approuve que par
complaisance , & qu'il vous aura obligation de la vôtre-. Rosalie un - peu
honteuse, promettait à sa Mère ce qu'elle lui
demandait : mais elle tenait à sa chapelle.
Cependant elle alait ... pour la defaire,
lorsque son Mari entra. Il la vit triste,
& lui fit des caresses, comme un tendre
Père à une Fille cherie. Elle lui dit ce
qu'elle avait resolu.   M. Richer vit les
bonnes intentions de sa Bellemère ; mais
il vit aussi l'innocence de sa naïve Epouse; il
la pria de conserver la chapelle ; il ala dire
ses raisons à la Mère :   Il lui representa,
que cette occupation entretenait la naïveté
de Rosalie ; qu'elle la rendait plus douce ,
plus enfantine, plus aimable enfin : — Hâ!
(s'écria-t-il) , laissons lui ces amuse-
mens , qui la rendent heureuse , sans l'exposer !.... Loin qu'ils me rebutent ou me
deplaisent, ils assurent ma tranquilité, mon
repos, ma felicité! Tâchez ma Mère, de
raccommoder tout, en disant que je vous
ai parlé-. Cela n'était pas difficile. Mad.
Prunelier n'eut qu'un mot à dire, & elle
en profita, pour louer la complaisance du
meilleur des Maris. Rosalie conserva
donc sa chapelle, elle continua de la parer, d'y faire l'office , d'en changer les
ornemens, suivant les fêtes des Saints, &c.

Elle devint mère de trois Enfans ; elle
les nourrit ; la vue d'une Vierge, qui

alaitait l'Enfant Jesus, la raviſſait, lorſqu'elle fut dans le même cas. Ses Enfans parvenus à cinq, quatre & trois ans, commencèrent à remplir de petites fonctions à la chapelle! Le Père, après les affaires les plus ſerieuses, venait ſe delaſſer avec la Mère & les Enfans; il voyait avec attendriſſement ces quatre Etres, dont la Plus-âgée n'avait pas le moins d'innocence, offrir à l'Etre-Suprême un hommage qui ne pouvait manquer de lui plaire; il était ſi pur! & il mêlait ſa voix à la leur. —Vous êtes bien bon! lui disait un jour ſon Epouse, de vous rappetiſſer juſqu'à nous! —Ma chère Femme, j'ai encore une autre raison que ma bonté; j'unis mes prières aux vôtres, pour les faire paſſer à leur faveur; votre adorable innocence, celle de vos Enfans, obtiendra grâce pour eux & pour leur Père-!

Quelquefois M. Richer alait chercher Mad. Prunelier & ſes Filles, & leur montrant ſon Épouse avec ſes Enfans, il leur disait: —N'aurait-ce pas été une cruauté de lui laiſſer defaire ſa chapelle?

Un bonheur ſi parfait ne fut pas d'une auſſi grande durée que le meritaient les deux Epoux: La mort enleva le Mari. De ce moment, la jeune Veuve ne vecut que de douleur: Elle ſe conſervait pour ſes Enfans, pour leur parler de leur Père;

mais elle n'exiſtait plus qu'en-eux ! Sa conduite épouse avait été admirable, mais heureuſe : ſa conduite veuve le fut davantage encore : Elle fut plus ſoumiſe que jamais à ſa Mère : Elle lui diſait quelquefois : —J'ai perdu Celui qui vous empêchait d'être ma plus proche Parente ; vous avez repris tous vos droits ; ma ſoumiſſion pour vous ſera ſans bornes-. Elle realiſait ſes diſcours ; elle n'avait plus de volonté ; elle n'avait que celle de ſa Mère : elle lui aurait ſacrifié ſa chapelle, quoique tendue en-noir à jamais, ſi cette Bonne-mère qui venait y pleurer avec elle, ne lui avait ordonné de la conſerver. Elle vit encore : Sa douleur eſt plus calme & ſa pieté plus ardente : ſes Enſans ſont aimables ; elle les deſtine tous-trois au mariage : —Il faut, dit-elle à ſa Mère, qu'ils ſoient heureux comme je l'ai été-.

☞ Femmes ! une Devote aimable & douce eſt un Ange ! une Devote acariâtre eſt un Demon.

Sujet de la Figure du *Douzième Exemple.*

Salmonée à la fenêtre pendant un orage, regarde en riant les éclairs : un Savant qui examinait le nuage avec une lunette braquée, tombe à la renverſe, & une Femmedechamb. ſ'enfuit effrayée.

» Quoi ! vous mourez de peur, à la vue d'un » meteore »!

XII Exemple :
La Femme-esprit-fort.

Le frein salutaire de la Religion est si necessaire aux Femmes, que si elles en manquent, c'est en elles un defaut essenciel, qui doit éloigner d'elles tout Homme sage : Une Femme athée est susceptible de tous les vices, capable de tous les crimes ; quoique souvent l'on ait vu de bonnes-mœurs à des Hommes athées : Il y a une raison physique de cette difference, qu'il est bon de remettre souvent sous les yeux : Quarante-ans d'observations & d'experience ont convaincu l'Editeur, que la Femme la plus spirituelle n'a que la raison d'un Garson de seize ans : Une Femme-auteur, d'un grand merite, a la raison de *Voltaire* à seize ans : mais sa raison ne vieillira jamais davantage, quoiqu'elle ait beaucoup d'esprit. Cette thèse paraît singulière, & l'Editeur la soutient ici, pour qu'elle soit mise sous les yeux des Jeunes-personnes, qu'on ne peut trop convaincre de cette verité, pour les rendre circonspectes & deferentes envers le Premier-sexe : L'Homme, en-general, a la raison pleinière, autant que la faiblesse hu-

C 3

maine le comporte; comme il a la tâille, comme il a la force : Cependant il est des exceptions : certaines Femmes sont plus grandes & plus fortes que certains Hommes: mais il n'en est pas moins vrai qu'en general, les Hommes sont plus grands que les Femmes; comme il est vrai que les Femmes les plus capables, n'ont que la raison d'un Garson de seize ans bien sensé ; il pense profondement , & joue au volant, ou à la balle un instant après : Telles sont toutes les Femmes : Je n'irai pas, vil adulateur, leur mentir mon opinion, comme leurs *Bibliothécquaires* & leurs ridicules *Instruiseurs*; je les respecte & les aime trop, pour les tromper. O Femmes ! je desire votre bonheur ! Precieuse Moitié du Genre-humain, que les Philosophistes veulent denaturer ! vous êtes ce que vous devez être ; vous êtes parfaites dans ce que vous êtes ; ne veuillez pas être hommes , je vous en conjure; vous ne pouvez qu'y perdre ! La Femme est un être absolument necessaire au monde, & si vous la laissez se denaturer , la nature outragée s'en vengera sur tout le Genre-humain! Femmes! êtres charmans! qu'on veut rendre savantes, guerrières , impudentes, hâ ! la Nature vous a donné trois charmes qui vous rendent adorables , la naïveté, ou la timide ignorance,

la douceur, & la pudeur : (car je ne parle
pas de la beauté, ce don celeste, que
l'Homme n'a que dans sa première jeunesse.) Conservez votre ignorance ! il
est si doux à un tendre Epoux de repondre à vos questions naïves ! Conservez votre douceur, pour bonifier la fero-
cité des Hommes ! Conservez votre pudeur; elle est le sel du plaisir ! Ne pretendez
pas à former les Hommes ; tout Homme
formé par vous, ne sera qu'un effeminé :
mais formez vos Filles ; rendez-les na-
turelles, timides, naïves, douces, pu-
dentes ; relevez leurs charmes, soignez,
perfectionnez leur beauté, apprenez-leur
à la respecter ; inculquez - leur qu'elles
doivent faire le bonheur des Hommes ;
enseignez-leur quel est leur veritable empire, qui consiste à tout obtenir par leur
douceur & leur amabilité. Femmes,
même à Lacedemone, toute Femme imperieuse, acariâtre, fut, est, & sera toujours un monstre.

*S*almonée-*D'Athoncour* eut pour Père,
un Homme comme Celui d'une Fille celèbre du dernier siècle. Il ne lui recom-
manda que la prudence humaine dans
le choix des moyens pour être heureuse,
& il lui donna des maximes, qui peut-être
bonnes en elles-mêmes, ne doivent ce-

pendant jamais être isolées , lorsqu'on les presente aux Femmes. La jeune Salmonée n'avait aucune idée de religion ; sa morale n'était fondée que sur les convenances humaines ; faibles digues contre les passions! Son Père ne lui exposa pas même clairement les principes de la reciprocité, qui suffiraient à des Etres parfaitement raisonnables, c'est-à-dire, en petit nombre ; principes qui, parconsequent, ne peuvent jamais faire une loi unique & parfaitement efficace , pour maintenir le bon ordre dans la Societé, toujours composée de quelques Individus sublimes ; de Quelques uns très-raisonnables, & d'un sens juste ; de Deux-tièrs d'Inconsequens, susceptibles d'entendre la raison, quand elle leur est presentée avec force & lucidité ; enfin d'un Demi – tiers où sont quelques Méchans atroces , & beaucoup d'Imbeciles. C'est une folie , aux yeux de la seule raison humaine, de pretendre conduire par la reciprocité seule, une foule d'Inconsequens & de Mechans ; on ne reüssirait par-là , qu'avec le premier Demi-tièrs.

La conduite de la Femme devote a prouvé que la devotion, méme minucieuse & enfantine , peut être delicieuse & donner un bonheur, dont l'image ravit : celle de Salmonée va prouver, qu'avec toute

la raison imaginable, toutes les lumières
acquises, on peut être une deteftable
Epoue, quand on manque de religion.

Plusieurs Partis fe presentèrent pour
M.lle D'Arhoncour, lorfqu'elle eut dix-
fept à dix-huit ans. Ele avait la reputation d'être un prodige d'efprit, & c'en
fut affés pour que toutes les Têtes non-pen-
fantes de la condition, fe presentaffent
pour l'obtenir. C'eft un aveuglement
inconcevable, dans certains Hommes,
que cette rage de vouloir l'unir à une
Femme qui paffe pour avoir de l'efprit;
c'eft-à-dire à un Etre deplacé dans le
moral, ordinairement d'un physique peu
gracieux, & toujours d'un infupportable
orgueil, en-un-mot à une efpèce de Monftre, qui pretend à toutes les qualités, à toutes les prerogatives de l'autre-fexe, & qui
les denature, en les prenant. Salmonée fut
flattée de fon triomphe. Elle choisit
elle-même; mais par un travers d'efprit,
& par goût pour la fingularité, ce ne fut
pas l'Homme qu'elle aimait le mieux,
ni Celui qu'elle eftimait le plûs, qu'elle
prefera: ce fut le plus laid, le plus fot,
le plus haïffable: elle mit dans ce choix
toute l'oftentation, dont eft capable une
vanité de Femme, qui tend à la cele-
brité: on remarqua fa bisarrerie, & lorfqu'on lui en demanda la raison, elle

repondit en souriant avec dignité : —Je
l'ai pris pour en faire un Mari ; c'est-à-
dire l'Être le moins interessant de tous,
pour une Femme philosophe, qui ne se
marie que par convenance , & pour donner à l'Etat son contingent en Sujets : Je
me garderai bien de faire mari l'Homme
que j'estime, encore moins l'Homme que
j'aimerais ! Les Amis sont trop rares pour
les perdre, & les Amans trop chers pour
les exposer. Après avoir fait cette re-
ponse, elle prenait un air froid, pour
concentrer en elle - même l'admiration
qu'elle s'inspirait. Les Sots dont elle était
entourée, applaudissaient, & comme elle
était belle, que les Corrupteurs voyaient
jour à tirer parti de sa dangereuse philosophie, on la comblait d'éloges menteurs.
     Parmi les traits de son intrepidité phi-
losophique, on n'en veut citer qu'un ; les
autres ne pourraient être presentés : Un
jour l'orage le plus terrible se declara :
Salmonée jouait : Elle se leva, & fit signe
à un Astronome, son complaisant, de la
suivre dans une autre pièce : Therèse,
la Femme - de - chambre, jeune-fille
naïve & douce, était en prières dans cette
pièce, les rideaux & les volets fermés :
Salmonée fit tout ouvrir par l'Astronome, en se moquant des frayeurs de
Therèse : Elle posa sur la fenêtre un Epa-

gneul qu'elle aimait beaucoup, pria le Savant de braquer fa lorgnette, & fe mit à confiderer les éclairs terribles, en éclatant de rire, à chacun de ces phenomènes. —O! Madame! lui difait la petite Therèse, ne riez donc pas! Dieu f'en fâchera. L'Epagneul même était épouvanté: mais fa Maitreffe le retenait. Un éclair effrayant part, le Chien tombe mort, Therèse f'enfuit effrayée, le Savant eft renverfé : Salmonée les regarde tranquilement. — Quoi! vous mourez de peur à la vue d'un meteore! Elle ramaffe fon Chien mort ; aide au Savant à fe relever , appelle pour qu'on fecoure Therèse, évanouie dans une autre pièce, & fort en fe rappelant une ariette.

Quoique Salmonée eût époufé un M. *Du-Rupin*, elle n'en voulut jamais porter le nom ; elle fe fefait appeler Madame Salmonée , ou Madame D'Athoncour ; toutes les lettres lui étaient adreffées fous l'un ou l'autre de ces noms; elles n'étaient pas même ouvertes, fi la fufcription portait celui de Du-Rupin : Ses volontés bien - connues, on f'y conforma. En Femme qui fuivait la nature, fans égard pour les loix de la Société, elle fe livra fans fcrupule au premier goût qui lui prit. Elle employa neanmoins des précautions pour fe cacher,

& elle y reuſſit, du-moins pour le Public : On ne pouvait trop diſtinguer ſes Preferés, parcequ'elle tenait chés elle une Aſſemblée journalière de petits Philosophes, qui venaient diſſerter en dejeûnant, ſur toutes ſortes de matières, & particulièrement ſur celle qu'ils entendaient le moins, ſur la Divinité, ſur l'âme, ſur tout ce qui était audeſſus de leur raison, & de leurs faibles lumières. Cette Tourbe, qu'elle nommait les *Membres de ſon Musée*, avait un Règlement dreſſé par Salmonée elle-même : cette Femme qui ne l'occupait en rien du soin de ſa maison, où tout était abandonné au hasard, ordonnait admirablement les choses inutiles : On s'aſſemblait entre dix & onze : Le dejeûner était ſervi à tous les Arrivans : On prenait ſa place, qui était toujours la même : on avait des titres : Madame Salmonée était *Presidente* : un Homme grave *Vicepresident* ; c'était le Grand Ordonnateur : Le troisième titre était celui de *Promoteur*, qui ſe plaignait, requerait, proposait les reformes, &c. Les quatre premières places de droite & de gauche, étaient occupées par huit *Conſeillers*, qui presidaient à tour de roles, en l'abſence du Vicepresident : La onzième place était occupée par le *Secretaire* du Musée : La douzième,

par le *premier Lecteur :* Chaque Auteur
pouvait lire ſes Ouvrages , ou les remettre au *Lecteur :* Tout Membre ab-
ſent pouvait envoyer ſes Productions à
l'adreſſe de Mad. la Presidente, qui payait le
port ; elle les remettait à M. le Lecteur,
chargé de les examiner, & d'en faire ſon rapport au Conſeil, qui les admettait à la lecture, ſ'ils en valaient la peine.   La treizie-
me place, était celle de *ſecond Lecteur;* un
troiſième Lecteur ; un *quatrième Lecteur,*
un *cinquième Lecteur :* Enſuite étaient
vingt places de *Musars,* ou Academiciéns:
Il y avait en outre , un *Jetonier ,* un *In-
troducteur,* quatre *Servans ,* & deux *Huiſſiers ,* dont la charge était d'avertir les
Servans, de reprimer les mouvemens irre-
guliers des Membres, & en cas de reſiſtan-
ce, d'avertir le Vicepresident, qui avait
droit d'expulſer l'Auteur du desordre ,
en prenant l'avis des huit Conſeillers.
Tout-cela ſe fesait gravement & avec decence ;   la presence d'une Jolie-femme,
comme Salmonée , impoſait à tout le
monde.   Le Vicepresident , le Promoteur, les Conſeillers, le Secretaire, les
Lecteurs, le Jetonnier, les Servans & les
Huiſſiers avaient par mois cent-francs de
gages, & leur dejeûner ; un petit-écu dou-
blé de vingtquatre-ſous était gliſſé à la
ſortie dans la main par le Jetonnier , aſſis

à-côté de la porte :   ces efpèces de jetons
étaient toujours en pièces neuves;   mais
comme elles auraient pu manquer, Mes-
fieurs les Musars étaient dans l'usage de
les rapporter envelopées, comme ils les
avaient reçues, chés m. le Jetonnier, qui
les changeait contre de vieilles, avec
gain de quatre-fous pour le Mufar, aux
depens de mad. la Presidente : ce qui rendait les jetons de quatre-livres-huit-fous.

On lifait aux feances les manufcrits des
Musars, ou ceux dont ils f'étaient char-
gés, après l'examen du Confeil : enfuite
tous les Ouvrages nouveaux, quels qu'ils
fuffent : mais quand ils étaient mauvais,
on f'en vengeait par une critique fan-
glante, qu'on envoyait au Journalifte le
plus fevère & le plus renommé, qui l'a-
doptait toujours.   Quant aux manufcrits,
ceux que le Musée desapprouvait unani-
mement, étaient condamnés au feu, &
l'arrêt était executé fur-le-champ : Si l'Auteur était present, un Huiffier le fesait a-
droitement fortir, avant l'execution, pour
menager fa fenfibilité.

C'était ainfi que Salmonée paffait quatre à cinq heures tous les jours.   Le refte
de fon temps était donné au fpectacle, à
la promenade, ou à la composition.   Sa
depenfe était confiderable, & quoiqu'elle
fût très-riche, c'était une folie de fe char-

ger d'un entretien journalier auffi fort, fans
aucun but de veritable utilité.   Elle avait
la manie de vouloir paffer pour auteur,
& elle acheta une Pièce, qu'elle fit lire à
l'Affemblée, comme étant d'elle.   Perfonne n'en crut rien , quand on l'eut entendue; mais Salmonée n'en reçut pas
moins les complimens.

VI Lecture : *La Superftition.*

Faibles Humains ! de quoi vous glorifiez-
vous ?   D'être les plus avifés des Animaux ; de favoir raifonner, comparer,
prevoir ?   Hâ ! il femble que la Nature
veuille en toute occasion confirmer ce
principe :   Tous les Êtres ont une forte
d'égalité ; les perfections font compenfées
par des defauts qui leur font équilibre.
Oui, vous favez raifonner , comparer,
prevoir : mais helas ! que ce glorieus avantage eft compenfé par de triftes faiblef-
fes !   L'Animal fimple & groffier , ne
voit, ne fent , ne goûte que fes verita-
bles avantages.   Il n'eft en proie ni aux
ridicules caprices , ni aux fauffes terreurs :
il poffède le plus precieux des biéns, celui
après lequel le Sage court toute fa vie,
& qu'il n'atteint jamais, la tranquilité de
l'âme , que nous avait donnée la Nature.
Et nous , triftes jouets d'une imagination feconde, mais égarée, non-feulement

nous souffrons de nos propres maux !
non-seulement nous sommes tourmentés
de nos propres chimères , mais nous
adoptons encore toutes celles des Têtes
foles & detraquées qui nous ont prece-
dés   La folie est une maladie épidemi-
que, & quoi que puïsse dire la Raison,
la Sotise se propage ; elle a des Apôtres
zelés, d'intrepides Defenseurs.   La Verité, la lumineuse Experience ont beau
presenter leur flambeau, on le repousse,
on l'éteint, on veut l'erreur le menson-
ge, quelque folle que soit la première,
quelqu'affligeant que soit le second ! Faibles Mortels ! malheureux Infensés ! hô !
que ne puis je vous engager à n'écouter
que la Raison & l'Experience !

S'il n'y avait pas de supersticion au
monde , on ne reüssirait jamais à persua-
der à un Homme fensé qu'il peut y en
avoir.   Parcourez nos Campagnes, vous
verrez les trois-quarts des Habitans trembler de la crainte des Revenans & des Sorciers :   Cependant , ils n'ont jamais vu
de Revenans ni de Sorciers.   Une chimère, le neant même semble se prome-
ner la nuit, comme une statue gigan-
tesque, pour effrayer les trois-quarts du
Genre-humain ! Grand-Dieu ! le Neant,
une Chimère avoir tant de pouvoir sur
des Etres raisonnables ! qui le croirait,

fi l'on n'était à-portée de le voir à chaque pas !

Quelle eft donc ta fource, ô Superfti-tion ! La Faibleffe , la Terreur, l'Igno-rance, la Sotise , la Malice , la Fripone-rie. Faible & timide , l'Homme craint, il tremble , il friffonne, par le fentiment de prevoyance que lui a donné la Nature. C'eft de ce fentiment que la Superftition abuse : J'ai connu des Gens, qui pour fe raffurer , étaient obligés de fe dire à eux-mêmes : —Que me peut-il arri-ver ? le pire , c'eft la mort-. Cette idée le raffurait : la crainte indeterminée causée par la Superftition, furpaffait le fond naturel de terreur qui eft en nous, elle furpaffait la peur de la mort !... L'igno-rance des causes, en fait imaginer de fauffes. L'Homme fimple , parfaitement ignorant, ne fonge pas aux causes ima-ginaires : il ne voit que les effets : auffi avancé que le Philosophe le plus confom-mé, il trouve la verité fous fa main : C'eft l'Homme demi-inftruit qui, foup-çonnant des causes, voit mille fantomes effrayans : ce font les Prêtres des Nations ignoranres, qui joignant l'interêt , la four-berie à la demi-fcience , qui cherchant à faire trembler, pour dominer des Efprits indomptables, ont imaginé des fujets de ter-reur pires que la mort ! Ils ont dit à l'Hom-

me Feroce, —Tremble-! & il a tremblé!
Mais voyez l'Inventeur de la fourbe,
qui en riait fous-cap la première-fois
qu'il l'a débitée, voyez-le, à la feconde, trembler lui-même, & commencer
à la croire, lorfqu'il l'a repetée une troisième! Auffi, voit on que les fiècles des
fables ridicules, des prodiges, font, non
les fiècles où l'Homme eft dans une
ignorance complette, mais ceux où il commence à vouloir f'inftruire : une nuit plus
épaiffe femble preceder le lever de l'aurore, & quand l'aurore commence, elle
ne presente que des Monftres, dans les
objets qu'elle fait entrevoir à-demi.

Un Superftitieux, eft donc un Homme
qui abandonnant la nature, pour f'égarer
dans fes fantaftiques idées, prête à la Divinité fes vues petites & mefquines ; fuppose ou Dieu mechant, ou un Principe-du-mal égal à Dieu, auquel il attribue
du panchant à mal-faire, du plaisir à effrayer, à frapper, à bouleverfer : Tandis
qu'à l'aide d'une veritable philosophie,
l'Homme fimple, & de bon-fens, ne voit
dans les phenomènes, que les effets naturels de causes physiques, & dans les fantômes du Superftitieux, que des chimères,
ou des erreurs d'optique.

Hô ! quand les Nations feront-elles delivrées des fauffes terreurs !... Il faut, messieurs, que je vous parle un-peu de moi : je me flate de vous inspirer par là quelque confiance dans les lumières de Celle qui a l'honneur de vous presider.

Dans ma jeunesse, mon imagination tendre & vive fut aisement imbue de toutes les folies que debite la credulité des Bonnes. Ces chimères prirent tellement sur moi, que je n'osais faire un pas dans l'obscurité : je serais morte plutôt que de sortir seule : ou si j'alais en tremblant jusques sur la porte de la chambre, je la tenais entr'ouverte : mon imagination me presentait aussitôt dans le fond de la cour, des Monstres à l'œil ardent, à la gueule beante & ensanglantée. Je voyais des Morts en blanc, marcher envelopés dans un linceuil. Je frissonnais. Je rentrais precipitamment, l'œil égaré, & je ne me trouvais rassurée qu'au-milieu du Cercle. La nuit, dans mon lit, heureuse quand je ne voyais que des processions! Mes songes étaient d'Objets terribles, qui me montraient des dents aigües, aufond d'une gueule horrible, des yeus étincelans; &c^a. Lorsque je m'éveillais, je poussais des cris de frayeur, en appelant ma Bonne. Cette faiblesse a duré jusqu'à ce que le flambeau de la raison m'éclairât : mais combien de temps il m'a falu, pour en venir au point où j'en suis aujourdhui ! car je passerais avec indifference, la nuit, seule, par un Cimetière ; je descendrais au fond d'un Caveau & j'y resterais à côté d'un Mort.   Que dis-je ? je prefererais cette compagnie muette, & qui me ferait penser, à celle d'un Sot ou d'un Méchant !......

Je ne commençai à écouter la raison, qu'entre quinze & seize ans : Je combattis sans trop de succès jusqu'à vingt : je tremblais encore dans l'obscurité : pour m'exercer, je choisis de coucher dans un cabinet isolé, éloigné de tout le monde. J'y souffris cruellement ! mais je ne me decourageai pas ; je verifiais toutes mes fausses-terreurs, & je me levais intrepidement pour aler à ma chimère, dès que j'en concevais une.   Un-soir neanmoins, j'eus une frayeur capable de me causer beaucoup de mal !   J'avais un Maître-de-danse qui portait un chapeau-bordé, des bas-de-soie blancs, des souliers à hautes oreilles, qui emboîtaient tout le bas de la jambe :   Seule dans ma chambre, pour me coucher, j'avais repeté ma leçon dans l'obscurité, jusqu'à lassitude; je m'assis; je m'assoupis..... A dix pas je vois un Homme en habit gris, un petit galon, le chapeau bordé, les bas blancs, les souliers emboîtant le bas de la jambe, de larges boucles, un air persiffleur, campé comme s'il avait donné leçon: c'était M. *Calais* ; c'était mon Maître. J'étais éveillée : —Impossible, pensais-je neanmoins, que ce soit mon Maître-. L'idée effrayante : C'est le Diable ! se presente. La raison la repousse. Je me lève, sûre de trouver au-moins quelque-chose qui va m'étonner beaucoup: Je m'avance ; je touche.... Vous frissonnez, messieurs ! Qu'était ce ? Hô! enverité, vous ne le devineriez pas en mille, & j'en ris encore! C'était une chemise quittée le matin, & placée contre la tapisserie à un portemanteau. Je repris ma place; je ne vis qu' une chemise: Je fermai les yeux, je me frappai l'imagination, en l'arrétant sur mon Maître; je regardai de-nouveau, & je revis Calais: mais, sans me lever, je dissipai l'illusion, en me rappelant la verité.

Ce trait me fit un bien infini, parcequ'il me fournit un argument, non contre mes propres visions, je les croyais toutes vaines, mais contre celles des Autres. —Supposons (pensai-je) qu'effrayée comme je l'aurais été à dix ans, j'eusse fui; que j'eusse porté l'alarme, qu'on fût venu avec de la lumière : Je n'aurais jamais attribué cette vision à ma chemise; & comme Calais passe pour un Avanturier dangereux, je le supposais sorcier ; je me persuadais qu'il s'était introduit dans ma chambre, pour me faire violence; je racontais ma chimère à Quelqu'un, dont l'imagination chaude l'aurait embellie, aurait tout arrangé de manière, qu'il serait devenu certain, Que Calais s'était introduit dans ma chambre-à-coucher les portes fermées, à onze heures du soir, à de mauvaises intentions : tout le pays aurait aussitôt retenti de cette nouvelle : Calais aurait craint; il ne tenait à Personne; j'étais une Demoiselle de distinction, jeune, assés-jolie, fort vive, très-riche : il aurait disparu : & tout le monde aurait dit, que le Diable l'avait enlevé dans les airs; des nuées de Temoins en auraient deposé.

C'est ainsi qu'on peut attenuer le temoignage accâblant du Genre-humain, quand il affirme des absurdités, telles que les pretendus prodiges des Grecs, des Romains, & des Paysans de toutes les Nations modernes. Jeunes-filles, il faut que je vous premunisse contre les superstitions presentes & futures, en vous montrant le ridicule de celles qu'on crut longtemps, qui longtemps firent trembler, & dont on rit aujourdhui, lorsqu'on n'en fremit pas!

Quel est ce Monstre, qui s'avance épouvantable & menaçant! Ses pieds velus & poudreux foulent la tête des Rois, qui s'inclinent; leurs courones tombent; il

les frappe de leurs sceptres, & ils expirent
de frayeur! Les Peuples freiniffent! ils
s'entâffent comme des Troupeaux à l'af-
pect du Loup carnacier, & baiffent ftu-
pidement leurs têtes, fur lefquelles le Monftre s'appesantit!.. Avançons! que crai-
gnons-nous! Touchons ce Monftre hi-
deux!.. Je le palpe, &... ce n'eft qu'une
vapeur legère, fans confiftance! Quoi!
les Mortels ont tremblé devant une chimère! ils ont fremi devant le neant!
Le neant & une chimère ont fait à Cartha-
ge immoler les Enfans à Saturne, image
du Soleil! la Source de la vie devenait la
cause de leur mort! Dans nos forêts gau-
loises, jadis une chimère, le neant, fit facrifier des Hommes par nos Druides impies! O faux Prêtres d'une Divinité fauffe
ou defigurée. Fourbes maudits! Dieu ne
voulait que des Miniftres de fa bonté; vous
ne vouliez être que des Miniftres de colère & de fang! Periffent à jamais & votre culte odieux, & votre deteftable memoire!... Grand Dieu! Souverain-prin-
cipe-de-la-nature, chaffe ces vains Fantômes d'une imagination effarée!....

Mais que vois-je! dans des temps plus
éclairés, quelle eft cette Troupe de Jeu-
nes-Vierges, qu'on enferme vivantes dans
un vafte Tombeau! Là, une Superftition
imbecile les prive de toutes les douceurs

de la vie: ─Vegetez! leur dit-elle froidement, Victimes confacrées à l'expiation
de fautes que vous n'avez pas commises-!
─O Superftition! comment les expie-
rons-nous? ─Je vais vous le dire: Vi-
vez mortes ou mourantes, inutiles à vous-
mêmes & au monde: Dieu veut le facrifice de votre bonheur & de votre utilité-!
─Hô! que dis-tu, Blafphematrice! Dieu
eft jufte, & il exigerait le facrifice du bonheur d'innocentes Creatures! des priva-
tions, des macerations infenfées flateraient
en lui la paffion de la vengeance! O Car
thaginois impie! facrilége Moabite! tu
immolas des Enfans au Père-de-la-nature,
qui repouffait avec horreur cet abominable holocaufte: Et comme toi, des Peuples qui fe difént plus éclairés, deshono-
rent & blafphèment la Divinité! Malheureux! fachez qu'elle ne veut que l'exer-
cice moderé de nos facultés; que l'inacti-
vité eft un vice, & que votre abominable
fuperftition n'a fa fource que dans vos
cœurs feroces & corrompus!

Suivons le Monftre! Il quitte l'Europe trop éclairée; il vole; il fuit vers fes
vaftes domaines d'Afrique & d'Asie: Il
regarde les Indes d'un air de complaifance: C'eft lorfqu'il voit fes Dupes prof-
ternées, attendre avidement que les roues
du char de Jakarnat les écrâfent, pour les
envoyer

envoyer dans le fejour-de-delices. Il jète à-peine un coup-d'œil infolent fur le Nègre imbeçile, qui honore comme des Fetiches (nom qu'il donne à fes Dieux), un Anneau-de-pâille, un Serpent immonde : Il traverfe les mers, & c'eft en Amerique que le Monftre aborde : Là, il voit le paisible Inka, qui fe dit fils du Soleil, rendre à l'Aftre-du-jour un filial hommage. Il f'étonne d'un culte auffi fimple ! Mais bientôt il eft fatiffait ! une Troupe de Brigands arrive, des plages lointaines, dans ces contrées ignorées : Ils profeffent une religion fage, mais defigurée par la ftupide Ignorance : La Superftition reconnaît fa Sœur ; elle l'embraffe ; elles f'uniffent étroitement !...... Alors, elles profitent de la nuit qu'elles ont produite, pour repandre leurs poisons dans le cœur des Bandits : Elles tentent leur cupidité, en leur montrant de l'or ! l'or, cet aliment de tous les crimes ! Elles foufflent dans leur cœur le defir des plaisirs crapuleux, du maffacre, du pillage : Elles leur crient, qu'ils ont leur culte à venger-! A ce cri forcené, les Barbares f'éveillent fanatiques, & brûlans de la foif de l'or : —Periffent les Idolâtres ! (f'écrient-ils), qui ne profeffent pas la même religion que nous-! La Superftition, élevée audeffus de leurs têtes, donne du cor; elle inspire la cruauté : l'Igno-rance stupide pleure comme un Enfant : ——Vengez-moi de ces Impies-! (dit-elle en begayant). Elle touche ces Cœurs feroces, qui ne peuvent l'être que par elle; mais pour augmenter leur cruauté : Fu-rieux, ils se repandent par la Ville, plon-gée dans la securité que donnent les ser-mens ; le fer, le feu, l'épouvantable ca-non portent la mort & l'effroi chés un Peuple innocent ! Hommes, Femmes, Vieillards, Enfans, Jeunes-filles, tout tombe égorgé ! les Vierges, filles des Rois, assouvissent palpitantes la brutalité des Monstres qui pretendent venger une religion sainte!.. Barbares ! vous l'outra-gez, vous le blasphemez, ce culte doux & pur, qui ne préche que la tolerance, & surtout l'équité ! De quel droit ravissez-vous à des Hommes, & leurs biens, & leur sol natal, & l'honneur, & la vie !....

Après ce carnage, la Superstition n'est pas encore desalterée de sang. Elle con-sidère tout ce qui reste de ce Peuple, com-me de vils troupeaux de bêtes fauves ; on voit le Superstitieux les faire chasser par ses Chiens, qui les égorgent : Il les nour-rit ! chose horrible ! il les nourrit de chair humaine, avec moins d'économie, que si c'était celle des plus vils Animaux : Hé ! quel est ce monstre ? O Nations policées ! fremissez ! c'était un Europèan....

Mais pourquoi courir au Nouveau-monde, dans ces contrées éloignées, où deux Soldats se disputant une Jeune-indienne, la fendaient en deux d'un coup de sabre, pour se la partager ; revenons en Europe : voyons la Superstition armer les Citoyens contre les Citoyens , pour des opinions ; voyons les s'égorger , s'éventrer , écraser les Femmes enceintes ! la Superstition seule a fait commettre ces crimes à nos Pères !... à Ceux dont nous descendons ! le sang qui coule dans nos veines est souillé par le crime ; nous descendons tous de Massacrans ou de Massacrés ! de Malheureux, qui aveuglés par la stupide Ignorance & la Superstition furieuse , incendiaient, tuaient, pillaient, & fesaient pis encore ! Les crimes que la roue & le gibet punissent aujourdhui, sont les tristes fruits des secousses violentes que la Superstition donna aux Esprits, dans ces temps malheureux.. Pourquoi ! hâ ! pourquoi notre siècle n'est-il pas exempt de ces reproches ! Que vois-je à *Abbeville*..... Mais detournons nos regards de cette Ville malheureuse, où la Stupidité conserve la courone & les chartes de la Superstition !....

C'est ainsi qu'en me promenant le soir, je m'entretenais de ces idées sombres ! le lendemain à mon reveil, j'entens des cris : une vieille Servante se desole ! En fortant, pour aler acheter le pot-au-feu, la première parole qu'elle a entendue, c'eſt, Tu mourras dans huit jours : Elle eſt revenue ſans rien acheter ; elle ſe prepare à la mort ! A midi, je vais dîner chés une Bonne-femme de mes Amies, n'ayant rien chés moi : Par-hazard ma fourchette ſe trouve poſée en croix ſur une cuiller : La Vieille treſſaille, & me fait ſigne de les prendre. Je le fais, ſans me douter de ſa terreur : mais en même-temps, je renverſe la ſalière. Elle ne peut y tenir ; elle ſe lève. —Dînez ſeule, me dit-elle ; voila trop de prognoſtiques ; je ne ſaurais dîner avec vous ; je vais me mettre en prières , pour detourner l'influence-! Je veux la rappeler, raisonner. Elle ne m'écoute pas, & me lance, en fermant la porte de ſon oratoire, un regard de pitié ! Je dîne ſeule & je ſors- En paſſant devant la porte d'une ancienne Amie , il me prend envie d'y entrer pour la ſaluer. Je la trouve dans la ſeconde cour, ou il y avait des Poules : Cinq heures venaient de ſonner, & une Poule venait de chanter comme un Coq. Auſſitôt cinq à ſix Femmes effrayées ſe mettent à la fenêtre, & ſ'écrient : —Madame ! il faut tuer cette Poule ! elle a chanté comme un Coq, & le ſoir encore ! ça porte malheur-! La Dame aimait ſa

Poule ; mais tremblante, épouvantée, elle appelle un Homme, la lui remet entre les mains, & la pauvre Volatile a le col coupé !

Que de Superstitions ridicules ! me dis-je à moi-même : Mais dumoins, elles ne sont pas atroces, comme celles d'autrefois-! Je sors dans la rue : Je vois un Homme à demi-barbu, que deux Artisans poursuivaient, en criant, *Arrêté ! arrête, l'Huguenot, le Juif !* Je cours aussi, pour secourir l'Imprudent, qui sans-doute venait de scandaliser- ces Gens du Peuple. On l'arrêtait, lorsqu'une Fruitière de ma connaissance & moi nous nous trouvames à - côté de lui. La Fruitiere, à ma prière, s'interessa pour l'*Enfant-d'Israël*, qui n'avait commis d'autre crime que de marchander un crucifix, qu'il aurait acheté reellement, pour le revendre : mais durant les offres de prix, une Femme s'avisa de dire , ―C'est un Juif-! Aussitôt elle s'écrie : & la vile Populace de s'ameuter: peutêtre l'Imprudent Israëlite alait-il être mis en pièces, sans la Fruitière & moi.

Jeunes-filles, & vous Femmes, écoutez mes avis : car je vous suis inconnue, & quoique jeune, j'ai beaucoup d'experience : Ne soyez jamais superstitieuses : La piété envers Dieu est bonne : mais la vraie

piété eſt douce, compatiſſante, tolerante;
elle reſpecte plûs Dieu, dans l'Homme ſon
image, que dans un vain ſimulacre! La
vraie piété vous rendra fidelles épouses,
compagnes aimables, indulgentes; bonnes
mères, attentives pour vos Enfans, humaines pour vos Domeſtiques: Aulieu que la
ſuperſtition rend dures, cruelles, emportées,
ſans pitié, ſans compaſſion, ſans miséricor-
de! Hé! le Dieu de bonté peut-il aimer de
par illes Adoratrices! Dieu eſt invisible;
c'eſt dans nos Semblables qu'il faut le
voir: Tout culte qui ne ſ'accorde pas
avec ce que nous leur devons, avec la
charité fraternelle, la bienveuillance effec-
tive, la tolerance ſans exception, eſt un
culte faux & blaſphematoire. Quoi, Rep-
tile immonde, tu te mets en colère pour
Dieu, comme ſi l'Être-univerſel avait beſoin d'un Inſecte tel que toi, pour ſou-
tenir les droits de ſa puiſſance! Rappelle-
toi cette belle parabole: »Un Homme fut
bleſſé par des Voleurs, qui le laiſſèrent
étendu ſur le chemin. Un Prêtre arriva,
qui le vit ſanglant, detourna la vue, &
paſſa outre. Survint un Levite, qui en
fit autant. Enfin un Samaritain (un He-
retique) aperçut le Bleſſé: Auſſitôt il deſ-
cendit de cheval, banda ſes plaies, y mit
de l'huile & du vin, & le conduisit à une
hôtellerie: —Prenez ſoin de cet Homme

(dit-il), & à mon retour, je paierai tout-. Lequel (dit Jesus), était le prochain du Blessé»? Belle & sublime application! Tous les Hommes sont frères, Juifs, Turcs, Indiens, Nègres, Peruviens, Canadiens, Taïtiens ; tous doivent s'entre-supporter, se secourir, s'alleger les uns aux autres les peines de la vie! Hâ! si la belle maxime de Jesus était mise en pratique, l'âge-d'or reviendrait sur la terre! Mais des Impies, des Blasphemateurs ont corrompu la religion sainte qu'il enseigna! Maudits soient-ils! car ils ont empoisonné la source du bonheur!

—Admirable! (s'écria un Petitmaître), c'est du Diderot! —C'est du Rousseau! (dit un Abbé). —C'est du Voltaire! (dit un Poète). —C'est du Buffon! (dit un Commis). —C'est du Corneille! (dit un Comedien). —C'est du Beaumarchais! (dit une Jolie-femme)! —C'est du Gluck! (s'écria un Musicien). Tout le monde éclata de rire , à ce mot, & les comparaisons finirent, ainsi que la seance.

Dans une autre occasion, Salmonée lut, comme étant d'elle, un Poème intitulé , *L'Hypocrisie-demasquée :* Malheureusement cet Ouvrage était d'une Femme qui se trouva presente : Elle le laissa lire & applaudir: Elle ala ensuite auprès de la Presidente, qu'elle prit en particulier : —Madame (lui dit-elle), la pièce qu'on vient de lire est de moi ; j'en-ai des preuves complettes : il faut me l'acheter, ou ... je parlerai ! —Combien ? (dit Salmonée).   —Cent louis !... Il falut donner cette somme, pour sauver sa gloire.

Ce qui rendait la conduite de Salmonée plus inconsequente, c'est que dès la première année de son mariage, elle eut un Fils : A cette occasion, elle se comporta de la manière la plus scandaleuse ! elle ne voulait pas qu'on remplît les formalités ordinaires de la loi & de la religion : on eut mille peines à lui faire entendre qu'il le falait ; & ce ne fut pas son Mari qui eut cet honneur.   Lorsqu'elle vit qu'il lui était impossible de suivre ses idées, elle se rendit, mais avec une repugnance aussi ridicule que criminelle :   Il falut, pour la satisfaire, donner pour Parein à l'Enfant tout le Musée ; il fut nommé, par ses ordres, *Diogène-Anaximandre-Musée.* L'année suivante, elle eut une Fille ; ensuite un second Fils, puis un troisième, enfin une seconde Fille, qui mit sa vie en danger.   Son Mari se voyant cinq Enfans, lui representa, que la depense qu'elle fesait était trop considerable, & qu'il falait y mettre plus d'économie.   —Mon-

fieur (lui repondit-elle), chaqu'un eft libre :
vous pouvez mettre dans votre fortune particulière toute l'économie qu'il vous plaîra :   Pour moi, je ne vois pas que je fois
obligée de me priver des douceurs de la
vie, pour des Etres que le hasard m'a donnés :   Je remplis à leur égard les devoirs
de la nature ; je leur donne protection, à-
cause de leur faibleffe, & je leur procure
tous les moyens de confervation : mais je
ne fuis point obligée de leur facrifier ma
propre exiftance : mon bien eft à moi dabord, & je ne crois pas que leur droit focial
foit de me depouiller :   Je vous prie de ne
plus me rompre la tête de vos inutiles remontrances : j'agis à ma manière ; agiffez
à la vôtre :   J'ai rempli tous mes devoirs,
comme épouse & comme mère ; la Société
n'a rien de plûs à exiger de moi; je ne
veux plus fonger qu'à mon propre bon-
heur-.   Son Mari, qui la connaiffait, ne
repliqua pas : Il a la trouver fon Beaupère :
C'était un vrai Materialifte , qui écouta
fon Gendre, fans l'interrompre. Lorfque
M. Du-Rupin eut achevé, M. D'Athoncour lui repondit :   —Mon Ami, fi j'etais
votre père, & que votre Femme fût ma
bru, je verrais : mais elle eft ma Fille ; la
tendreffe paternelle veut que je fois pour
elle , & que je contribue à fon bonheur ;
je la foutiendrai en tout : Vos Enfans font

D 5

Rupins , & non-pas Athoncours ; que m'importe à moi la prosperité d'une Famille étrangère?..... Je ne vois dans le monde que ma Fille: laissez-moi en repos, & ne venez plus me troubler par des plaintes ridicules-. Ainsi éconduit, le Mari, dont le credit n'était pas assés fort pour luter contre celui de son Beaupère, se retira sans repondre, & prit patience.

Cependant Salmonée ne s'occupait que de ses plaisirs. Sa conduite devint absolument scandaleuse, parce-que bientôt elle ne connut plus de frein ; les depenses étaient énormes, & le desordre se mit dans ses affaires. Comme elle n'avait pas de principes , elle chercha les moyens de duper ses Creanciers, & elle les trouva , en abusant de la confiance qu'ils avaient dans sa probité. Elle les fit tous avertir en particulier, qu'elle voulait payer leurs memoires. Pleins de confiance, ils les envoyèrent quittancés: Salmonée les reçut ; mit derrière chaqu'un, soldé tel jour, en telle & telle pièces d'or & d'argent, les ferra, & demeura tranquile; Chacun des Creanciers, qui ne connaissait pas les Autres, attendit pendant quelque temps qu' on l'avertît. Enfin le plus pressé d'avoir son argent, le vint demander. On lui dit, qu'il était payé: Il le nia : on soutint: il fit assigner: on plaida ; La quit-

tance fut presentée, & il perdit. Cette affaire terminée, le second Creancier, qui l'i-
gnorait, suivit la même route.   Il perdit encore.   Enfin un Troisième & un
Quatrième parurent ensemble à l'audience.
Alors les Juges ouvrirent les yeux: Ils
virent des apparences d'improbité, qu'ils
n'attribuèrent d'abord qu'à un Intendant.
Celui-ci, mis en cause par les Creanciers,
prouva qu'il ne s'était pas mêlé de leur
affaire.   Les deux Creanciers perdirent.
Cette cause fit quelque bruit: Les autres
Creanciers plus considerables, en eurent
vent; ils agirent tous à-la-fois; ce fut une
nuée, qui tomba sur Salmonée, & qui
menaçait de l'écraser: Elle tint ferme, &
fit face à l'orage avec tant d'audace, qu'elle
se debarrassa de toutes ses dettes.   Mais
des memoires publics detaillèrent toute
sa conduite; elle fut vilipendée, deshonorée:
son Musée cessa; elle ne trouva pas un
sou de credit, & fut, malgré elle, forcée à
l'économie.

Alors se trouvant trop chargée de
cinq Enfans, on la vit condamner à la clô-
ture ses deux Filles, & vouloir forcer
deux de ses Fils à entrer dans un Ordre
religieux.   Mais ces quatre Enfans, qui
avaient sucé avec le lait, les maximes de
leur Mère, qui jamais n'avaient eu que
des principes d'égoïsme & de licence, lui

resistèrent en face, la traitèrent de Marâtre, & desertèrent la maison. Les Fils coururent s'engager dans la marine, & partirent. Les deux Filles manquèrent de se perdre, & leur Père vint peut-être trop tard à leur secours... Il les sauva neanmoins ; & comme elles étaient encore jeunes & flexibles, il les mit auprès d'une Parente, mad. Richer (*), qui leur fit goûter les principes de la religion, & à-force de soins, de patience, de bons traitemens, de bons exemples, parvint à les rendre comme ses propres Filles, & comme elle-même.

Salmonée s'inquiéta peu de ce qu'étaient devenus ses quatre Enfans : Elle ne s'occupa que de l'Aîné, qu'elle voulait marier de bonne-heure, à une Veuve belle & riche, qui pensait comme elle. Il falut que son Mari donnât les mains à ce mariage, qui paraissait avantageux, aux yeux même de la raison. Mais à peine le Jeune Du-Rupin eut épousé la riche Veuve, qu'elle donna dans une conduite revoltante. On fut obligé d'obtenir un ordre pour la sequestrer, & le Fils unique du malheureux Du-Rupin (car on ne savait ce qu'étaient devenus les deux Autres), se vit condamné au celibat. Sa Mère ne fut pas effrayée de ce qu'elle voyait

____

(*) L'Heroïne de l'*Exemple* precedent.

Quand on lui parlait de sa Bru, elle pliait
les épaules, & disait que son Fils, son Mari, & les deux Familles n'étaient que des
têtes-à-perruques ; que sa Bru avait suivi
la nature, & qu'elle n'était qu'à louer.

Ces sentimens eurent enfin leur effet
naturel : Salmonée venait de perdre son
Père, qui l'avait toujours soutenue : Elle
marqua la plus grande insensibilité à cette
perte ; elle disait en riant, qu'il était assés
vieux, pout ne pas êrre pleuré : On re-
veilla pour-lors l'affaire des Creanciers ; on
parla de l'indecente conduite de Salmonée, à la naissance de ses Enfans ; de l'indigne traitement qu'elle voulait leur faire,
pour l'en debarrasser aux depens des éta-
blissemens religieux : Et comme elle ajou-
ta un nouveau scandale aux precedens, en
permettant chés elle à un de ses Domestiques, une chose contre les mœurs & nos
usages (*), M. Du-Rupin & sa Famille ne
laissèrent pas échapper cette occasion : on
presenta un memoire contre elle au Pro-
cureur-general, qui rendit plainte : Salmonée fut interdite, & obligée de se retirer
dans une maison decente, avec une pension

(*) Elle permit à son Domestique, qui avait promit le mariage à deux Filles de sa condition, de
les épouser toutes-deux : elle le favorisa, lui garda
le secret, en-un-mot devint sa complice.

très-moderée, qui ne lui permettait plus aucune diffipation.

On dit que fes fureurs ont forcé de la renfermer.

☞ Une Femme fans religion, eft un vaiffeau fans gouvernail & fans voile. Il eft effenciel que les Femmes aient de la religion : fi l'on pouvait douter de la neceffité de la creance d'un Dieu remunerateur & vengeur, le caractère des Femmes en convaincrait. Infortunés qu'ils font ! les Incredules, en voulant detruire ce qu'ils regardent comme des erreurs, des prejugés, fubvertiffent notre repos, notre fanté, notre bonheur ! Ils introduifent dans la morale & dans la politique, ces vices odieux, qui diffolvent la focié-té civile.

Sujet de la Figure du *Treizième Exemple:*

Eleonore occupée dans fon appartement, fes armoires ouvertes. Deux Filles travaillant. Un Domeftique arrivant chargé de paquets. Son Mari la confidère à-l'écart, & fe dit à lui-même :

» Je ne connaiffais pas tout mon bonheur ! »

XIII Exemple :
La Femme - entendue.

La difference eſt grande, entre la *Femme-imperieuſe*, & la *Femme-entendue !* Celle-là eſt un Monſtre hors de la nature ; Celle-ci aucontraire, eſt ce que la Femme doit être, l'économe, la menagère des gains ou des revenus du Mari.

Il y avait à Paris, dans le Marchand, une Jeune-fille que tout le monde admirait, pour ſa propreté, ſa marche vive, ſans être hardie, le goût exquis de tout ce qui ſervait à ſon habillement, ſa tâille fine, toujours bien deſſinée, & la grâce de ſon arrangement ; Elle était un-peu marquée de petiteverole, & cependant très-jolie ! e'était une ſorte d'agrement pour ſa figure éveillée, ovale, arrondie. Elle était très-ſenſible ; elle adorait ſa Mère, & cheriſſait une Sœur-cadette : Quant à ſon Frere, il eſt trop ordinaire qu'une Sœur aime le ſien, pour lui en faire un merite ; on doit regarder comme un monſtre, Celle qui ne reſſentirait pas la plus vive affection, à l'égard de Celui qui doit porter le nom de ſon Père.

Eleonore-Lelès ne pouvait manquer d'être recherchée ; son Père passait pour riche , & la maison était reellement bonne. Plusieurs Partis se presentèrent : un Procureur de trentecinq-ans ; un Avocat de quarante ; un Notaire de quarantecinq. Mad. Lelès, femme prudente autant que bonne mère , laissa la liberté du choix à sa Fille : Eleonore, dont le cœur était libre , lorsque le Notaire la demanda , ne montrait pas d'éloignement : Sa Mère lui dit :   —Eleonore , tu n'as que seize-ans : lorsque tu en auras vingt-un , ton Mari en aura cinquante : tu ne connais encore , ni tes dispositions , ni ton temperament : ne le prens-pas ; voila mon avis-. Sans trop sentir combien sa Mère avait raison, elle suivit son conseil avec plaisir.

Mais dans l'intervale du Notaire à l'Avocat, il vint demeurer tout-vis-à-vis, chés un Marchand relevé, un Garson fort aimable. Eleonore lui plut ; ses regards le temoignèrent ; & il plut à Eleonore ; ses regards le dirent aussi : Le Jeune-homme profitait de toutes les occasions de la saluer, lorsqu'elle était dans le comptoir seule, ou avec sa Mère ; mais avec un sourire plus agreable & plus gai, lorsqu'elle était seule. M.lle Lelès le lui rendait avec embarras, & n'osait lever les yeux. Le soir, aux lumières , il passait devant la boutique, & si Eleonore était seule à sa place,

il frappait au carreau , avec le bout du
doigt. Ces enfantillages firent fur le
cœur d'Eleonore , une impreffion profonde: Peu-à-peu le Jeune-homme fit connaiffance avec m.^me Lelès, il la falua, vint
caufer avec elle, & avec fa Fille, lorfqu'elle
était auprès de fa Mère : mais quand la Jeune-perfonne était feule, elle l'évitait, parce-qu'elle était fi tremblante, fi émue, que
le Jeune-homme fe fût aperçu de fon
trouble. C'était une paffion très-forte ,
qu'elle avait dans le cœur! Cependant,
elle ne fe permit jamais le plus court entretien avec fon Amant ; elle lui repondait à-
peine, lorfqu'il la faluait, par un falut femblable au fien : cette aimable Fille avait
tant de pouvoir fur fon penchant, qualité
qui tenait à fes autres vertus, qu'elle fe disait quelquefois à elle-même : —Que
fais-je, fi c'eft le Mari qui m'eft deftiné !
Et fi ce ne l'était pas ! combien je ferais
honteuse un-jour, qu'il pût fe vanter d'a-
voir touché mon cœur-!

Un-jour, que Leonore était feule, le
Jeune-homme lui presenta une hiftoriette
imprimée, qu'il la pria de lire : Mlle Lelès
la prit timidement, après lui avoir demandé, fi elle pouvait la lire avec fa Mère?
Sur fa reponfe, à l'affirmative, elle la
ferra, & lorfque mad. Lelès fut de retour,
elle la lui remit.

VII Lecture : *Sans - dot.*

»Si tous les Hommes étaient sages, loin de chercher les richesses, tous mettraient leur bonheur & leur gloire à faire le sort de leurs Femmes, afin de les trouver toujours modestes, & reconnaissantes.

Une Femme aimable encore, quoiqu'âgée, mère de deux Filles charmantes, dont l'Une était mariée, revenait un dimanche de chés cette Dernière, avec son Mari, ses deux Filles, & son Petit - fils. *Isabelle* la cadette, était devant à quelque distance, tenant son petit Neveu par la main : C'était une charmante Personne qu'Isabelle *Simar !* moins cependant par sa beauté, que par un goût exquis, & une propreté qui n'admettait pas la moindre negligence : Elle atteignait vingt-ans. Un Jeune-homme riche, qui passait, fut frappé de la vue d'Isabelle : Il s'arrêta pour la considerer. Dans le même instant, un Bœuf échappé, courait & renversait avec furie tout ce qu'il rencontrait. Le Jeune-homme s'apercevant qu'il alait sur Isabelle, s'élança vers elle, au même moment que ses Parens se rangeaient dans une alée, & l'enleva dans ses bras, pardessus la tête du Bœuf : En-la-reposant à terre, il fut environné de toute la Famille, qui le remercia doublement : car en levant Isabelle, par un mouvement des genoux, il avait jeté le petit Neveu derrière lui. M. *De-Charmelieu* reçut les remercîmens avec un plaisir bien pur! & cependant examinait la Jeune-personne, dont la frayeur même était aimable. Il sentit son cœur s'ouvrir à la plus vive tendresse, en considerant cette charmante Creature, qui lui devait la vie: —Quel dommage! (pensait-il), que tant de charmes eussent été moissonnés par une mort cruelle-? Les genoux d'Isabelle tremblaient; elle se soutenait à peine: Son Liberateur demanda permission de lui donner le bras jusqu'à la maison. En chemin, il dit quelques mots à l'aimable Fille, dont les reponses naïves achevèrent de l'enchanter.

Lorsqu'on fut arrivé, Charmelieu, qui n'avait pas les idées ordinaires, dit aux Parens d'Isabelle: —Monsieur & Madame: Je suis d'une naissance honnête ; ma fortune est à moi, puisque je suis independant: Je desire depuis longtemps, de me donner une aimable Compagne : mais il est dans mes principes, de n'épouser qu'une Fille qui me doive tout, même la vie. Il était difficile de trouver réünies les conditions que je regarde comme necessaires ! Elles viennent de se rencontrer aujourd'hui: J'ai vingt-mille livres de rentes, une bonne reputation; vous voyez ma figure; j'épouserai l'aimable Fille que je viens de fauver, fi je lui conviens: Informez-vous-. Il donna fon nom, fa demeure; il indiqua des Perfonnes refpectables & fûres, dont il était connu. Les Parens d'Ifabelle ne favaient que penfer! c'étaient des marchands; l'Aînée de leurs Filles avait épousé un Fourreur: une fortune, un bel Homme, un rang inefperé, tout cela fe trouvait dans un Liberateur, dans un Homme qui paraiffait vivement épris; car en leur demandant Ifabelle, il la tenait fur fes genoux, & la preffait tendrement dans fes bras : On promit de rendre une prompte reponfe. On dînait en famille; Charmelieu refta, & dans la converfation il acheva de developer les principes qui le fefaient agir.

—Depuis que je fuis homme, & que mon cœur, devenu fenfible, me fait defirer d'unir une Femme à mon fort, je ne me fuis jamais fenti plus touché, que pour une Fille aimable, que je me reprefentais deftinée par le fort, à un état audeffous de fon merite & de fa beauté. Je me plaifais à remplir mon tendre cœur de l'idée de la rendre heureufe, par mon amour, & par mes dons, en refpectant fa vertu; la penfée de l'élever jufqu'à moi, était infiniment douce. Toutes les Jeunes-perfonnes mes égales ne me donnaient aucune en vie de m'attacher. Cela doit vous furprendre ! Je vais en dire la raison, en vous racontant l'hiftoire de mon Ami le plus cher, qui eft aujourdhui fouverainement malheureux :

La Dot, hiftoire de tous les temps.

»M. Deschamps, garfon plein de merite d'ailleurs, avait dans fa façon de voir une forte de dignité de prejugé, qu'on approuve dans le monde, où elle eft appelée, *élévation de fentiment :* Il ne regardait comme étant de fon efpèce, que les Gens qui l'égalaient en fortune : Ainfi l'on voyait cet Homme poli, qui venait de rendre les refpects les plus outrés à une Dame, fe relever pour ainfi-dire comme par reffort, en presence d'une Bourgeoise ou d'une Grisette, pour leur parler avec un dedain imperieux, & les traiter de *ma Bonne*, ou de *la Fille*, d'une manière qui m'a fouvent revolté. Et cet Homme avait neanmoins d'excellentes qualités, puifqu'il était mon ami ! C'eft ce qui paffa toujours ma conception, qu'on puiffe f'être fauffé le jugement à ce point, dans une feule chose ! Mais je crois que cette efpèce de folie venait de fon éducation, & des principes que fa Mère lui avait inculqués dès l'enfance. Vous fentez qu'a

vec cette façon de penfer, M. Deschamps
voulait une *digne* Epouse!

Il jeta les yeux fur une Demoifelle fort
relevée, fort riche, fort grande, fort fèche,
fort bourgeonnée, ou fort difposée à l'être,
d'une figure mate, ayant le regard dedai-
gneusement fot, la voix aigre comme
le regratoir des Maffons, le caractère exi-
geant, le commandement dur, infolent,
fe fervant avec fes Gens, & furtout avec
les Femmes, de ces expreffions humiliantes,
qui font rougir en dechirant, en aviliffant
l'âme de Celles fur quî elles tombent.
Mais elle était riche; mais elle était fille
de M. Le ... nièce de mad. La .... &
petite-cousine d'un Ambaffadeur.

Mon Ami me confulta, pour ce mariage. Aulieu de lui repondre de moi-
même, j'ouvris *Plaute*, ce poète comique de l'ancienne Rome, qui au-milieu de
farces degoutantes, dit autant de belles
verités que *J.-J.-R.* : »Quand vous
»avez fait la folie de vous marier à une
»Heritière, dit un Efclave à fon Maître,
» votre riche Epouse amene un Homme,
» pour adminiftrer fa dot, & cet Efclave
» eft plus maître que vous. (*Le Mari*)
» Hélas! j'ai reçu l'argent, & pour avoir
» une dot dont je ne difpose pas, j'ai ven-
» du mon pouvoir de Chef, mon autorité
» de Mari»! De nos jours, ajoutai-je, la-

Femme riche n'amène pas un Esclave do-
tal, comme les Atheniènnes & les Ro-
maines ; mais elle fait pis ; elle depense,
outre les siens, les revenus de son Mari.
Ecoutez ce qu'on reprochait aux Atheniènnes, il y a trois mille-ans : c'est un
certain *Megadore*, qui preferait d'épouser
la Fille du pauvre *Euclion*, à prendre une
riche Heritière :

» *Megadore*. J'ai communiqué la nouvelle de mon mariage à plusieurs de mes
Amis ; Ils estiment la Fille d'Euclion ; ils
applaudissent à mon dessein ; ils disent que
je ne pouvais faire un meilleur choix.
Effectivement, dumoins à mon avis, si
les Autres fesaient de-même ; si les Hommes à qui l'aveugle Fortune a departi trop
de bien ; si les Riches se mettaient sur le
pied d'épouser de pauvres Filles, il y aurait dans la Ville plûs d'union entre les
Citoyens ; l'envie, la jalousie regneraient
moins parmi nous. Les Jeunes-filles s'ob-
serveraient davantage ; elles conserveraient
plus soigneusement, plus precieusement
leur honneur : & pour nous autres Hommes,
nous ne ferions point auprès des Femmes
ces depenses excessives que leur sotise &
leur luxe extorquent de nous. Cela serait assurement fort utile à la plus grande
partie du Peuple ! Il ne resterait plus que
l'animosité d'un petit nombre de Gens, qui

afpirent ardemment aux richeffes, & dont le cœur avide, infatiable, ne peut être moderé ni par la loi, ni par l'autorité de Ceux defquels ils dependent. Car fi Quelqu'un f'avise dire : Comment les Filles richement dotées trouveront-elles à fe marier, fi on établit ce droit-là pour les Pauvres? Qu'elles fe marient comme il leur plaira, pourvu que le gros mariage qu'elles apportent aux Epoux ne les rendent pas fières & arrogantes. Si cela fe fesait ainfi, les Filles f'appliqueraient à la culture de l'âme; & fans fe mettre en peine de dot, elles auraient principalement pour but, de fe faire plus riches en bonnes-mœurs qu'elles ne le font aujourdhui. *Euclion.* Puiffent les Dieux me faire autant de bien, que j'ai de plaifir à entendre cet Homme-là! Il raifonne le plus agreablement du monde, de l'économie, de l'épargne, enfin de l'extrême circonfpection avec laquelle on doit employer l'argent! *Meg.* Il faudrait-donc que toutes les Femmes f'attachaffent à la modeftie, & qu'elles en fîffent comme une bonne fœur de la fidelité conjugale. Qu'il fiéd mal à une Femme de faire à fon Mari cette apoftrophe desobligeante : —En vous époufant, j'ai apporté dans votre maifon un bien plus confiderable que votre capital! Il eft donc bien jufte que

vous

vous me fassiez porter des habits d'or &
de pourpre : que vous me donniez des Servantes, des Mulets, des Muletiers, des Laquais, des Valets pour les messages ; enfin,
de belles voitures pour me porter. *Euc.*
Voila un Homme qui se connaît parfaitement en cette marchandise si risquante ,
qu'on nomme *les Femmes !* Il fait la
route & la pratique de nos Dames ! Je
souhaiterais qu'on le creât Souverain-Ma-
giftrat du *Beau-sexe ;* qu'on le fît Infpec-
teur-general de la conduite & des mœurs
de ces Machines fragiles. *Megad.* Dans
le temps où nous vivons, de quelqu'endroit
que vous reveniez au logis, vous y trou-
verez plus de charriots que vous n'en voyez
en arrivant à votre maison-de-compagne.
Mais ce n'est encore-là qu'une gentilleffe,
en comparaison de ce qu'elles demandent
pour les autres depenfes. Il vous faut
payer un Foulon, un Brodeur, un Orfe-
vre, un Megiffier ou Apprêteur de laine ;
pour des Vendeurs de clous ou de boutons-
d'or ; des Feseurs de chemises ; des Tein-
turiers en couleur-de-feu, en violet, &
en jaune ; des Vendeurs de manches d'habits ; des Parfumeurs de souliers ; des Re-
vendeurs ; des Tifferans ; des Cordonniers
de quatre ou cinq efpeces ; des Teintu-
riers en couleur imitant le pourpre : Les
Foulons demandent ; les Tâilleurs crient

après leur argent; les Ouvriers, les Marchands de bandelettes & de ceintures pour foutenir la gorge, attendent devant la porte. Vous croyez-vous debarraffé de cette foule importune de Creanciers? en voici d'Autres qui prennent leur place, & qui veulent avoir de l'argent : lorfque le veftibule eft plein des Infpecteurs des Efclaves, on fait entrer les Rubaniers, les Brodeurs de jupes, les Artisans de petits cofres, & on fouille dans fa bourfe, pour appaiser la faim canine de tous ces Affamés. Vous vous flatez encore une-fois que tous ces Fâcheux font partis, & qu'on va laiffer reposer votre argent : vous vous en felicitez deja, lorfque tout-d'un-coup vous vous voyez abordé par les Safraniers ou Vendeurs de robes couleur-de-fafran; ou-bien il fe presente quelqu'autre Sangfue qui vous demande avec acharnement, & ne cherche qu'à vous fucer. *Euc.* J'aurais bien envie de lui parler : mais je n'ai-garde ! il me divertit trop par ce detail de tout ce que le luxe & la vanité des Femmes coûtent aux pauvres Maris ! je veux donc le laiffer continuer. *Meg.* Quand on a payé tous ces Marchands de beaux riens, tous ces Ouvriers, tous ces Porteurs, tous ces Vendeurs à-haut-prix de fotises & de bagatelles; pour vous confoler d'une copieuse évacuation de *coffre-*

fort, furvient pour la bonne bouche, un Homme-de-guerre, qui demande la folde que, par les lois de la Republique, vous devez fournir pour le contingent. Vous alez examiner le compte avec le Banquier. Cependant, le Soldat, qui n'a point dîné, vous attend de piéd-ferme, ne doutant point qu'on ne lui mette dans la main, de-quoi remplir le vide de fon eftomac. Après un long debat avec le Banquier, Celui-ci fe trouve tellement en avance avec M. l'Epoux, qu'on ne veut plus lui donner d'argent. Ainfi, c'eft au brave *Guerroyeur* à demander du temps à fon appetit vorace, & à le remettre à un autre jour. Voila les inconveniens, fans parler d'une infinité d'autres, voila, dis-je, les inconveniens qui arrivent dans un Domeftique, où la Femme eft plus riche que le Mari : C'eft une depenfe énorme, & qui f'étend audelà des facultés de la maison. Une Epouse fans dot depend entièrement de fon Epoux; il en fait ce qu'il veut : aucontraire, une Femme qui voyant que le meilleur du bien eft de fon côté, pretend avoir fait la fortune de fon Mari, hô ! une telle Femme n'eft propre qu'à perfecuter, qu'à tourmenter, qu'à ruiner.... Mais voici mon Beaupere de ce foir fur fa porte.... Hé-bien ! mon Allié de parole, comment vous en va depuis ce matin »?   E 2

 XIII Exemple :

Cette fcène, digne du meilleur de nos Philofophes, & que *Molière*, aurait employée, f'il avait eu reellement à-cœur autre chose que d'attaquer les ridicules, cette fcène n'effraya pas mon Ami : Quelque-temps après, il époufa *Erneftine-Maximilienne De-Fortenmorgue*. Les noces fe firent majeftueusement ; les vifites, avec tout l'appareil de l'étiquette & de l'opulence ; Mon Ami, qui avait la faibleffe d'aimer toutes ces misères, fe croyait heureus, parcequ'il fe trouvait glorieux ; Il ne f'apercevait pas de la grimace que les Jolies-femmes fesaient à fa ridicule Epouse, avant de l'embraffer, & quand elle avait tourné le dos pour fortir. Son triomphe qui n'aurait été pour moi qu'une infuportable corvée, finit aubout de quelques femaines, & les deux Epoux fe trouvèrent chés eux.

Madame, dès le premier jour de tranquilité, calcula le revenu de fa dot, & règla fa depenfe, en fuppofant tous les produits au plus-haut : Tant pour fa toilette, tant pour les fpectacles, tant pour les foupers, tant pour les équipages, tant pour le jeu : (ce fut l'article le plus-fort) : le tout fe montait à 72 mille livres, c'était fix-mille francs de plûs que les revenus de Madame. Tout ce qui regardait la toilette doubla bientôt : Madame était ridi-

cule, fous les mains les plus élegantes,
parceque fa grande & infipide figure,
était abfolument deftituée de grâces :
Elle detruisait, rejetait gazes, blondes,
dentelles, étofes du nouveau goût, chéfs-
d'œuvres de Lion ; la depenfe de la parure tripla dans quelques années. Mais ce
fut bien pis pour le jeu ! Madame n'était
pas affés-aimable, pour que les Hommes
perdiffent avec elle, en la laiffant gâgner,
tricher même par complaisance. Elle en
fut pour des fommes confiderables : l'humeur f'empara d'elle ; on la vit joueuse
acharnée, acariâtre, & on fe plut à la ruiner... Enfin, aubout de fix-ans, le Mari
f'aperçut que toutes les reserves qu'il avait
faites avant fon mariage, étaient épuisées
& qu'il devait cent-mille francs !... Ce
n'était qu'une année de fon revenu :
mais il croyait avoir dans fes coffres, ou
chés fon Banquier, plus de 400-mille livres, dont il avait besoin pour une belle
acquisition : Il avait donné fa parole ; le
prix était arrêté... Il falut fe dedire honteusement, en decouvrant fa honte. Mon
Ami était furieux : il f'emporta. Erneftine-Maximilienne le prit fur le ton le
plus-haut. Indigné, le pauvre Mari leva
le bras... C'en-fut-affés ; des cris, une
fcène, fortie de la maison avec éclat :
Affignation en feparation, qui fut pro-

noncée. Mon malheureux Ami, avec ſes trente-quatre-mille livres de rentes, ſe trouve depuis dix-ans ſous la tutelle de ſes Creanciers, pour payer les cent-mille livres de dettes, contractées par une Femme qu'il a épouſée par interêt ».

Tel eſt l'exemple que j'ai ſous les yeux : Or il m'a determiné à n'épouſer qu'une Jeune-perſonne qui me devra tout, fortune, illuſtration, & même la vie, ou l'honneur. Un hasard favorable m'a procuré cet avantage avec votre charmante Fille, Monſieur & Madame ; je viens de vous expoſer mes raisons : Informez-vous : car les Parens doivent avoir de la prudence, & ne pas livrer, au hasard, une Fille cherie ; & que le mariage ſe faſſe le plutôt poſſible.... M'aimerez vous, charmante Isabelle, quand je ſerai votre Mari-? Conſentez-vous que je le devienne-? Isabelle rougit, & baiſſant de grands yeux bleus, elle repondit, par l'ordre de ſa Mère : —Monſieur, puiſque Maman m'ordonne de dire ce que je penſe, je vais le faire : Je vous dois trop ; jamais je ne pourrais m'acquiter : au moindre reproche, je mourrais de honte de mon ingratitude, ſi je l'avais merité. Ne m'épousez pas ; je ne ſuis pas faite pour vous. —Ce que vous dites eſt juſte, Mademoiselle : mais j'y repons ; Que je lis dans vos beaux yeux, que jamais vous ne

meriterez le reproche d'ingratitude : Et
le méritassiez-vous, je vous jure sur mon
honneur de ne jamais vous le faire. —Hâ!
(dit Isabelle, en laissant échapper deux
larmes), je ne meriterai jamais volontairement vos reproches !... Mais... —Hé-
bien ?.. —Ne peut-il pas arriver que malgré moi.... J'en-mourrais de douleur, &
vous en seriez fâché! —Adorable Fille !
s'écria Charmelieu); vous me rassurez, &
vous me ravissez d'admiration-! Les Parens, qui avaient tremblé qu'Isabelle ne
refusât, tressaillirent de joie. On parla
des arrangemens à faire, & Charmelieu ne
quitta la Famille Simar, qu'après avoir arrêté les articles.

Il est inutile de dire que les informations furent avantageuses au genereux
Amant d'Isabelle : Le mariage fut cele-
bré avant la quinzaine expirée, & les deux
nouveaux Epoux prirent en pension le Mari de Maximilienne-Ernestine, qui ne tenait plus maison, depuis sa separation d'a-
vec sa Femme. Cet Epoux infortuné
fut temoin du bonheur de son Ami.
L'aimable Isabelle avait pris pour son
Bienfaiteur les sentimens les plûs-tendres :
Elle était empressée, soumise, quoiqu'a-
dorée : Son aimable figure, ses charmes
provoquans, sa propreté recherchée en
fesaient un Objet toujours appetissant. Si

les deux Amis alaient à la promenade
avec Mad. De-Charmelieu, ils entendaient
autour d'eux un doux murmure d'admiration. Le cœur de l'Ami de Charmelieu
ne fut pas à-l'abri des charmes d'Isabelle;
en la voyant tous les jours, il l'adora :
La dignité de sa façon-de-penser le
preserva du crime : Il se contenta de ge-
mir sur son malheur, & de s'éloigner du pe-
ril. Mais sa Femme mourut dans ce même temps : Il revint trouver ses Amis,
leur avoua sa faiblesse, & les pria de lui
trouver une Compagne comme Isabelle.
Charmelieu sourit, & se prêta aux desirs de
l'Infortuné. Ce fut une Jeune-personne,
également aimable & douce, fille d'un
Homme-de-lettres peu riche, que Charmelieu fit épouser au Veuf de l'acariâtre
Maximilienne. Quelle difference il trouva dans cette seconde Epouse ! Jeune, jolie, reconnaissante, modestement élevée,
elle ne procurait à son Mari que des
instans delicieux ! Econome par caractère & par principes, elle lui rendait compte
de tout, & chaque mois, il se trouvait
plus riche qu'il ne comptait. Jamais de
mecontentement ; ou s'il en avait, sa Jeune-épouse savait l'adoucir. Elle n'exigeait ni égards, ni deferences ; elle était
comblée d'un mot gracieux, & son Mari
penetré tombait quelquefois à ses genoux,

pour la remercier d'être fi bonne. Isabelle & *Marianne*, étaient amies infeparables : Elles fe tenaient lieu de toute fociété : également innocentes, aulieu de fe corrompre, elles fe foutenaient mutuellement dans le goût de leur devoir.

Un jour l'Ami de Charmelieu lui dit : —J'ai longtemps combattu tes idées ; je les regardais comme une folie : une double experience m'a convaincu , que tu es plus fage que moi : Cependant, fi j'avais befoin de credit , ma Femme ne m'en procurerait pas ? —Qu'elle fe presente (repondit Charmelieu), & tu verras-. En effet , quelques-mois après , le Mari de Marianne eut une affaire : la Jeune-époufe , comme une nouvelle B**** fe prefenta devant une augufte Princeffe , lui plut, & obtint la faveur desirée. —Crois-tu (lui dit Charmelieu) , que la rebutante Erneftine - Maximilienne eût auffi - bien reüffi »?

Cette Lecture donna beaucoup à penfer à Mad. Lelès , & à fa Fille ! La Dernière y vit un avis indirect, d'être bonne, & la Mère crut entrevoir, que le Jeunehomme était d'une condition fuperieure à fon état. C'était fans doute l'intention du Garfon-Marchand de le perfuader.

Deux années f'écoulèrent : Eleonore

avait dixhuit-ans, lorfqu'elle fut deman-
dée par l'Avocat : elle remercia d'elle-même ; l'attachement qu'elle avait pour fon
Amant de vis-à-vis, la decida fur-le-champ.
— Je ne te blâme pas (lui dit fa Mère),
quoique Celui-ci ait fept ans de moins que
le Premier ; mais tu t'es decidée bien vîte !
— Hâ ! Maman ! c'eft … que … c'eft …
que… — N'achève pas ; je connais ton fecret : mais c'eft un état à faire, & nous
ignorons comment il le fera-.   Mad. Lelès n'en dit pas davantage.   Elle continua de recevoir le Jeune-voisin poli-
ment, lorfqu'il venait causer un inftant
avec elle dans la journée.

Six mois fe paffèrent : Eleonore était
dans la plus grande crise de fon amour :
à dixhuit-ans & demi, les Filles font for-
mées, furtout Celles du merite de m.^{lle}
Lelès, & leurs fentimens ont prefque
toute la folidité qu'ils peuvent avoir.
Le Procureur fe presenta ; fa maison était faite, n'importe comment ; il
était encore jeune : mad. Lelès, que fon
Mari laiffait maîtreffe de l'établiffement
de leur Fille, était embarraffée.   Eleonore f'en aperçut : Elle entra un matin
dans fa chambre, & fe jetant dans fes bras,
elle lui dit :   — Ma chère Maman, je ferais au desefpoir de vous causer la moindre peine ; je fais tout ce que je vous dois,

& ma tendreſſe pour vous y donne le prix
que je dois y donner : vous êtes prudente,
ſage , vous avez plûs d'experience & de
connaiſſance du cœur que votre Fille :
j'aime, vous le ſavez; vous ſavez auſſi
mieux que moi, ce qu'on peut attendre
du Jeune-homme; vous ſavez quel eſt le
Parti qui ſe presente , & ſi c'eſt mon avantage : ma chère Maman , ſi ce l'était ,
croyez-vous qu'avec l'inclination que j'ai
dans le cœur, je ne ſerais pas malheureuse?
c'eſt une ſimple queſtion que je vous laiſſe à examiner ; vous connaiſſez l'effet des
paſſions , que je ne connais pas encore :
decidez du ſort de votre Fille ; elle vous
le remet comme à une Mère tendre, éclairée : je compte pourtant autant ſur votre
tendreſſe , que ſur vos lumières : Mais
ſi vous me dites : Je veux que tu pren-
nes le Procureur, & je te repons, que
tu n'auras que tant de temps à ſouffrir ,
après quoi tu ne ſouffriras plus de ton
amour ,... je vous croirai, ma bonne Maman, & je ſuivrai aveuglément toutes vos
volontés : que je ne vous cause donc aucun chagrin, ni à mon Père ; je vous appar-
tiens, & je n'entens pas me ſouſtraire à
votre autorité; comme je ferai bien-aise
un-jour, que les Miens me la laiſſent ſur
eux-. Mad. Lelès ſurprise, mais enchantée de la raison de ſa Fille, la preſſa con-

tre fon cœur, en lui difant:　—Va, ma chere Enfant, tu merites d'être heureuſe, & tu le feras, quel que foit le Mari qui t'é-pouſe.　Cependant, ma chère Enfant, je vais reflechir fur ce que tu viens de me di-re ; & ne crains pas que je me decide à la legère !　je vais me mettre à ta place, & confulter mon experience, deſintereſſe-ment :　Je te rendrai reponſe dans huit jours, pas plutôt-.　Eleonore fut deja raf-furée par ce repit de huit jours ; elle quitta fa Mère bien contente.

Le terme expiré, mad. Lelès appela fa Fille le matin.　—Tu n'épouſeras pas le Procureur : non, mon Enfant ; non, ma chère Fille : j'ai tout examiné ; j'ai tout com-ré, d'après ton caractère, & celui de cet Homme ; me voila decidée : je t'ai obliga-tion de m'avoir donné lieu de faire cet examen, par où j'aurais dû commencer ; c'était mon devoir ; comme c'était le tien de me dire ce que tu m'as dit.　Tu vois que je n'ai pas abuſé de ta confiance, pour te tromper ; je me ferais trompée moi-mê-me-.　Eleonore ne put repondre : fon âme fenfible était épanouie ; elle était hors d'elle-même, & ne put recueillir aſſés de force pour parler.

Dans la femaine fuivante, le Jeune-voi-ſin qu'aimait Eleonore ne reparut plus fur la porte.　La Jeune-perfonne le crut malade : elle le plaignit au-fond de son cœur, qui n'en devint que plus tendre : mais elle avait tant de pudeur & d'amour, qu'elle n'osa pas s'en informer, pas même à sa Mère. Mad. Lelès était instruite ; parcequ'elle n'avait pas les mêmes raisons de timidité : mais elle croyait que sa Fille l'était par le Jeune-homme, & son silence lui donnait des inquiétudes. Six semaines s'écoulèrent. Eleonore était sur la porte : deux Emballeurs causaient entr'eux à-côté d'elle ; ils nommèrent le Jeune-voisin, & leur conversation apprit à m.^{lle} Lelès, que *Reguma* avait quitté son Marchand, pour une dispute d'orgueil, & qu'il était chés Un-autre, assés éloigné. Eleonore pâlit dabord ; elle rougit ensuite : Elle rentra la larme à l'œil, & courut se soulager dans sa chambre. Elle redescendit bientôt auprès de sa Mère : —Enfin, me voila tranquile ! (lui dit-elle) : je croyais M. Reguma indisposé ; il ne l'est pas ; il a quitté son Marchand, pour une parole-!.. Il n'a pas hesité à sacrifier le plaisir de me voir, à une petite mortification... C'est que ce n'était pas un plaisir pour lui : ... me voila tranquile. —Non, ma Fille ; tu as du depit ; tu l'aimes plûs que jamais. —Non, ma chère Maman : il a blessé ma delicatesse ; le charme est detruit. —O ! mon Enfant ! (s'écria mad.

Lelès), tu me fais trembler! tu as l'âme trop fenfible, & fi tu avais époufé le Jeune-homme que tu aimes, tu aurais été jalouse; tu aurais été malheureuse !... Laiffe-moi m'affurer de tes vraies difpofitions; c'eft d'après cette parfaite connaiffance, que je te marierai: fi tu es telle que je le crois; que ta delicateffe offenfée ait fait une telle impreffion fur toi, qu'elle ait ôté tout le charme à ton inclination, je fais ce qu'il te faut: j'ai un Parti : mon bonheur eft attaché au tien ; il en depend; ainfi, je travaillerai pour nous-deux :　Tu es mon amie, ma tendre amie , autant que ma fille; ton Frère & ta Sœur ne font encore que mes enfans ; mais toi, tu es mon amie ... Je veux te rendre heureuse , & employer, pour toi, toute la prudence & l'activité dont je fuis capable.　Abandonne toi aux foins de ta Mere.　—Je m'y abandonne, ma chère Maman! avec la même confiance que j'aurais dans la Divinité ; auffi-bien, vous êtes pour moi fon organe & fon image-!

Mad. Lelès avait été preffentie par le Tuteur d'un Jeune-homme fort-riche, du même état que fon Mari:　Elle trouvait ce Parti convenable à tous égards: c'était un Garfon de vingt-quatre ans , qui tenait l'établiffement de fon Père, & dont le Frère-aîné f'était-fait procureur;

ce qu'on doit regarder comme un appui. L'éducation de ce Jeune-homme avait été foignée ; il était ferieux & rangé. Il aimait Eleonore depuis longtemps ; mais il n'avait jamais osé parler de fon panchant ; il paraiffait même fuir Celle qui l'avait fait naître , par une forte d'orguieil ; il redoutait plûs que la mort une marque de dedain. Son caractère avait quelque-chose de fingulier ; c'était un rêveur , un taaciturne , un melancolique. Mad. Lelès le connaiffait parfaitement ; & neanmoins , elle le crut propre à faire le bonheur de fa Fille : c'eft qu'elle favait fes difpofitions , par fon Frère, à quî le Jeune *Geolin* en avait fait confidence : elle eut foin de lui montrer de la preference , dans toutes les occasions où elle fe trouvait avec lui. M. Geolin enchanté de la diftinction qu'il obtenait, vint chés M. & Mad. Lelès, où il fut accueilli. Quelques mots lui échappèrent au fujet d'Eleonore : Mad. Lelès parut les entendre avec plaisir ; & dès le lendemain , M. Geolin le Procureur vint demander m.lle Lelès en mariage pour fon Frère. On le reçut auffi-bien qu'il était poffible.

Après fon depart, Mad Lelès prit fa Fille en particulier : —Le Mari que j'avais en vue depuis longtemps, vient de te faire demander par fon Frère-aîné, M. Geolin

le Procureur.   —C'eſt M. Geoelin le cadet, Maman ?   —Oui, ma Fille : as-tu des objections ?   —Aucune, Maman.
—Vous ſerez mariés dans quinze-jours : il ne faut pas que cela traîne ; tu es troublée, je le vois ; ce trouble ſuſpendra tout autre ſentiment, & tu ſouffriras moins : le devoir parlera lorſque le trouble ſera diminué ; il le remplacera, plus ſolidement. Eleonore garda le ſilence : un ſoupir ſ'échappa : mais elle ne dit pas un mot, pour engager ſa Mère à retarder.   Mad. Lelès contente de l'empire que ſa Fille prenait ſur elle-même, ſe rendit à l'empreſſement de M. Geolin, & dans les douze jours, à dater de celui de la demande, Eleonore fut mariée.

Ce que ſa digne Mère avait prevu arriva : le trouble avait ſuſpendu l'amour ; & quand il ceſſa, l'âme pure d'Eleonore ne put admettre un ſentiment criminel ; ſon imagination effrayée ſe detournait d'elle-même de l'idée d'un premier Amant, & à-force d'en écarter l'image importune, elle la chaſſa.   Et cependant, quelle épreuve cruelle, que celle qui ſuivit ſon mariage !

Il y avait à-peine quinze-jours que M.lle Lelès était Mad. Geolin, lorſque le Jeune- voiſin Reguma reparut dans le quartier.   Eleonore était chés ſes Parens,

lorfqu'il arriva. Elle caufait fur la porte
avec fa Sœur : Le fujet de la converfation
n'était pas gai. Eleonore repondait à quelques queftions de fa Jeune-fœur, fur fon
Mari, qui commençait à en mal-ufer.
-Comment te trouves-tu à-prefent, lui difait *Agathe.* ——Un-peu plûs mal que je ne
m'y attendais : mais ce n'eft plus le temps
d'examiner, ni de fe plaindre : dailleurs,
je ferais au defefpoir de donner le moindre chagrin à Maman ! Il faut adoucir
mon fort par ma conduite, en touchant
le cœur de mon Mari, en m'efforçant de
m'en faire eftimer : Il m'aimera enfuite.
Ainfi, ne dis rien à Maman, je t'en prie,
ma Fille-!... En ce moment, Agathe dit à
fa Sœur : ——Tiens ! M. Reguma qui te
falute-! Eleonore pâlit, & jeta un trifte regard du côté du Jeune-homme,
qu'elle n'ofa fixer. Reguma ne l'avait jamais trouvée fi belle ; il était rayonnant
de joie : il f'inclina profondement plu-
fieurs-fois, jufqu'à ce qu'Eleonore, avertie
par fa Sœur qu'elle était continuellement
faluée, fit une reverence, & rentra. Elle
fe mit à-côté de fa Mère. Reguma rentra auffi dans la boutique de fon Marchand :
Un inftant après, on le vit fur le pas de
la porte de M. Lelès, l'air pâle, les yeux
rouges, l'air defait. -Que demandez-vous
monfieur ? (lui dit Mad. Lelès avec un-peu

d'humeur).   —Hâ ! Madame ! je fuis au defefpoir ! je vois que je me fuis perdu moi-même : votre Fille eft mariée ; il n'y avait qu'elle au monde pour moi ! jamais je ne me confolerai-!   En parlant ainfi, l'Infortuné ne pouvait retenir fes larmes, & de quelque rigueur que voulût f'armer Mad. Lelès, elle ne put f'empêcher d'être touchée: Elle laiffa paraître fon attendriffement, même en difant au Jeune-homme :   —Retirez-vous, Monfieur ! ce n'eft plus le temps où il vous était permis de nous parler ; la raifon & la convenance f'y opposent aujourdhui-. Reguma fit un gefte fuppliant.   —O Maman ! dit Agathe ! pourquoi le tant affliger-! Pour Eleonore, elle ne difait-mot, & tâchait de fe comporter de-façon, que le Jeune-homme ne f'aperçut pas de fon trouble.   Madame (dit-il à Mad. Lelès), en arrivant tout-à-l'heure chés mon Marchand, j'étais rempli de joie :   La vue de .... (il n'ofa dire, ni Madame, ni Mademoiselle) m'était d'un bon augure : Je l'ai faluée: A-peine me l'a-t-elle rendu. Elle eft rentrée. J'étais furpris.   Un de mes anciens Camarades, m'a dit alors un mot,... qui m'a percé le cœur...   Et je fuis venu ici, pour ...faire à m.^{lle} Eleonore,... d'éternels adieux !... Hâ ! je me fuis perdu !...   Madame, je n'étais pas un

Garſon-marchand, ni fait pour l'être ....
Madame.... j'ai une fortune, qui ne m'é-
tait precieuse, que par l'eſperance de la
partager avec votre adorable Fille : ... Je
l'avais fait entendre, par un petit Conte...
Hô ! je ſuis au-deſeſpoir !... Je craignais
de ne pas être aimé, de ne pouvoir l'être...
J'ai fait une abſence., concertée avec mon
Marchand , & deguisée par une querelle :
j'ai employé ce temps à des affaires , qui
augmentaient ma liberté.... J'arrive aujourdhui... plein de joie & d'amour... -Je
vous ſuis obligée, pour ma Fille-aînée ,
Monſieur (repondit Mad. Lelès) des ſentimens, que vous aviez pour elle : mais
elle eſt mariée : vous n'êtes pas genereux
de nous les decouvrir aujourdhui ! —Pardon ! Madame ! Pardon , Mademoiſelle
Eleonore ! —Je vous pardonne, Monſieur (repondit Mad. Geolin) : ce que
vous venez de dire, ne porte aucune atteinte à mon devoir : c'eſt un ſacrifice que
j'aurais été bien-aise de faire à mon Mari.
En-connaiſſant vos ſentimens pour moi,
j'en ſerai plus circonſpecte, afin de ne pas
faire le tourment de l'Homme dont je
dois faire le bonheur. C'eſt la dernière-
fois que je vous parle, & que je lève les yeux
ſur vous : Je vous remercie du bien que
vous m'avez-voulu. Ne cherchez pas à
le detruire, en me parlant jamais : C'eſt

l'unique chose que je vous demande.
Elle fe leva, en achevant ces mots, fit
une reverence au Jeune-homme , ala
trouver fon Mari, qui jouait dans la maison voisine, & ne le quitta plus. Reguma n'a jamais pu lui parler depuis, qu'en
devenant fon Beau-frère : Agathe em-
belliffait en grandiffant ; Reguma lui
donna le titre & la fortune qu'il avait
deftinés fi longtemps à fon Aînée.

Eleonore cependant fouffrait cruellement, c'eft-à-dire avant de favoir que fa
Sœur profiterait de fa Conquête : Elle fe
disait à elle-même tout ce qui pouvait donner le deffus à la raison : elle n'arrêtait pas
un inftant fa penfée aux choses contraires
à fon devoir. Elle ne f'en tint pas à
ces efforts *theoriques*, pour ainfi-dire ; elle
f'occupa dans fa maison, & de fon commerce ; elle exerça les premières qualités,
dont fa Mère avait entrevu l'aurore, &
qui lui avaient fait dire aux trois Partis re-
fusés, —Meffieurs, je me ferais une con-
fcience d'enfouir chés vous les talens de ma
Fille ; elle en a tant pour le commerce,
que je croirais faire un vol à l'Etat, que de
la fouftraire à ce qu'elle fera fi-bien.

Toutes les qualités de mad. Geolin, toute fa vertu lui furent neceffaires , pour ne
pas être malheureuse. Le caractère de fon
Mari était difficile : Exempt des defauts

bas, avilissans, tels que le jeu, le vin,
cet Homme était capricieux, jaloux, souvent de mauvaise-humeur : Plûs sa Femme était aimable , plûs il paraissait maussa-
de. Eleonore fut tentée de negliger sa
propreté exterieure , ce *léché* qui lui était
naturel: mais auparavant, elles eut la prudence de consulter sa Mère. —Garde
t'en bien, ma chère Fille! mieux vaut exciter la jalousie, que le degoût, pourvu que
la première ne soit pas fondée : c'est le tort
des Femmes de province; elles se negligent;
leur Mari les meprise, & elles n'ont aucun
moyen de se delivrer de leur aneantisse-
ment : Plais toujours, dussent les griffes
du Monstre de la jalousie t'égratigner en
te caressant. Eleonore était toute disposée à suivre ce sage conseil, & elle s'y
conforma : mais elle y joignit tout ce
qui pouvait rassurer un Mari ombrageux :
Elle ne parla plus à aucun Homme , que
pour les affaires; elle ne sortit plus qu'a-
vec son Mari : Elle s'occupait tellement
de sa maison, que ce soin remplit tout son
temps , d'une manière visible ; elle rendait
ainsi compte à son Mari de sa conduite, par
ses actions même; le soir, il lisait, en voyant
les choses faites, la suite de l'histoire de son
Epouse. Pour que cette manière de rendre ses comptes fût durable & facile, mad.
Geolin établit l'ordre dans sa maison : ses

Garſons-de-boutique , le Domeſtique , la Femme-de-chambre & la Cuisinière y furent aſſujetis , à l'exemple de la Maîtreſſe : Il n'y avait que M. Geolin de libre. Il reſtait peu à la maison , quoique jaloux ; ſon inconſtance naturelle le conduisait en differens endroits, où il ne ſ'amusait guère, & il rentrait ordinairement de mauvaise-humeur contre lui-même ; il en fesait ſouffrir les Autres :   Mais une demi-heure de ſejour dans la maison le calmait ; il voyait, ſans paraître ſ'en occuper, ce qui ſ'était paſſé durant ſon abſence, & tout était favorable à ſes interêts.   Il ſe deridait alors , & il lui arriva plus d'une fois de dire à ſa Femme :   —Enverité, mon Amie , tu te rens la vie bien-dure ! Point du-tout ! (lui repondait Eleonore en ſouriant) ; c'eſt un plaisir pour moi. —En ce cas , je poſſède un tresor , & je ne te meritais pas ; car je me rens juſtice–. Si quelques Pratiques ſurvenaient , M. Geolin admirait avec quelle politeſſe, quel ordre, quelle promptitude elles étaient ſervies : tout alait de ſoi-même ; tout était trouvé dans l'inſtant ; ſa Femme connaiſſait tout. Si d'autres fois , il jetait les yeux ſur les affaires du menage , ſur l'arrangement de ce qui était particulier à ſa maison, il y trouvait un ordre plus admirable encore : Il voyait ſouvent Eleonore occupée à ſon lin-

ge, à ſes comptes ; elle était toute-entière
aux affaires, jamais à l'amuſement : —Je
ne me ſerais jamais douté (avouait-il un
jour bonnement à ſa Bellemère , Mad.
Lelès), qu'une Femme fût un être auſſi-
parfait ! mon Epouſe a cent fois plûs de
qualités que moi.   C'eſt un ordre , une
attention ; tout eſt ſi bien diſpoſé, que je
l'admire ſans ceſſe! —Mon chèr Ami (lui
repondit la Mère d'Eleonore), c'eſt votre
Epouſe , & non les Femmes qui ſont ainſi : mettez-vous pendant quinze-jours en
penſion dans l'une ou l'autre des ſix mai-
ſons que je vais vous citer , M. Delaune
le marchand de drap; M. Affairé le procureur : M. Factumot l'avocat ; M. Ven-
tout le mercier; M. Paraffe le notaire,
M. Effigie le marchand d'eſtampes ;
& vous m'en direz enſuite des nouvelles?
—Parbleu, je veux le faire ! feignons que
je ſuis brouillé avec ma Femme; aidez-
moi : je veux connaître un-peu le mon-
de-.   M. Geolin executa ce projet : Il
ſortit de chés M. Effigie ſi plein de mepris
pour ſon Hoteſſe , & d'eſtime pour ſa
Femme, que depuis cette épreuve, Eleonore fut adorée.   Il lui diſait ſouvent,
en la voyant occupée, attentive : —Je
ne connaiſſais pas mon bonheur ! J'ai le
chéf d'œuvre de la raiſon , un tresor !
J'étais trop heureux, ſans le ſavoir : je le

fais aujoudhui, pour être glorieux de mon fort, & rendre à ma Compagne l'hommage qu'elle merite.   Elle ne m'aimait pas ; mais elle avait des principes ; elle se respectait elle-même : elle regardait ses devoirs comme sacrés, & les remplissait par raison.   Ce bel éloge, aussi vrai que merité, recompensait Eleonore de sa vertu ; tout le monde l'honorait, comme elle en eut un-jour une preuve frappante.

Un mechant Mari maltraitait habituellement son Epouse, qu'il avait souvent reduite à s'enfuir :   Cette Infortunée, dans une de ses excursions, vint par-hasard se refugier chés mad. Geolin, à laquelle il falut bien raconter ses malheurs.   Eleonore attendrie, donna des larmes au sort de sa Voisine, & promit de parler au Mari, qu'elle ne connaissait pas.   Elle ala chés lui seule & sans defiance.   En entrant, elle lui expliqua le sujet de sa visite.   Le Brutal s'emporta, la traita comme une Coureuse, & lui en donna le nom.   —Monsieur, lui dit-elle, je donnais des torts à votre Femme, ou dumoins, je lui en supposais : à-present, je vois qu'elle n'en a aucun.   A ces mots, le Brutal se jete sur elle, la renverse : Eleonore effrayée, appelle au secours. On arrive. En voyant entrer tant de monde, cette respectable Femme se

releva

releva en riant : —Mondieu ! (dit-elle),
Monsieur vient de manquer de se faire
bien du mal ! cela m'a fait jeter un cri-.
Les Voisins, venus au secours, ne surent
que penser. Le Brutal demeurait immo-
bile. On nomma Mad. Geolin. —Quoi !
c'est vous ! (s'écria le Miserable) : O
Femme celeste ! votre conduite envers
moi ne me surprend plus-! Et il avoua
son crime à genoux. —Que ma Femme
vienne-! (ajouta-t-il). On ala chercher
l'Infortunée : Son Mari courut audevant
d'elle, lui demanda pardon, & lui dit,
—Ma Femme, l'honneur que tu as d'être
du sexe de l'Ange que voila, me donne du
respect pour toi : sur ma vie, je ne te frap-
perai jamais ; je t'honorerai, je te cherirai : tu le dois à madame-. Il a tenu sa
parole.

☞ Femmes ! le plus mauvais caractère
de Mari ne tiént pas contre la douceur & l'économie, reünies à la pureté des mœurs : Ces vertus ne vous
garantiront pas de toutes les peines
de la vie ; mais elles vous en feront
triompher à-la-fin : Une Femme qui
se vante de les posséder, & qui n'en
tire pas cet avantage, trompe les Autres, ou se trompe elle-même.

II Vol.   F

XIV Exemple :
La Femme-depensière.

Sujet de la Figure.

Dorothée-Labbé alant monter en voiture : un Abbé lui donne la main ;

» Chés la Financière » ?

[On voit, outre le Jokey, à qui parle sa Maîtresse, trois Domestiques derrière le carrosse ; la Femme-depensière est mise avec la plus grande magnificence].

Une Femme depensière ; une Femme sans attraits ; une Femme imperieuse ; une Femme esprit-fort ; une Femme sans *pudeur-femelle* , & ayant les goûts des Hommes ; une Femme savante ; une Femme mechante, ou sans douceur ; une Femme paresseuse ; une Femme-fausse, sur les lèvres de laquelle n'a jamais siégé la verité, font des espèces de Monstres, que les Hommes doivent redouter, & fuir *tant que terre les peut porter.* Si malgré toute l'attention possible, un Mal-avisé

prend une de ces Femmes , il ne lui refte
qu'une reffource à Paris, c'eft une pierre,
une corde, & le faut de *Leucade*. Jeunes-
perfonnes, c'eft moins pour les Hommes
que pour vous, que je m'exprime ainfi :
Evitez ces horribles defauts! foyez écono-
mes, aimables, foumises, pieuses, pru-
dentes, ignorantes de tout ce qui eft des
fciences & de la metaphysique, douces ,
bonnes, laborieuses; vous n'avez que ce
moyen pour être heureuses folidement :
Si votre Mari vous portait à la depenfe,
il faudrait lui resifter en cela ; vous ne lui
en ferez que plus chères un-jour.

*D*orothée-*Labbe* , jeune & jolie Blonde, dotée de quatrevingt - mille livres,
fut recherchée par le Frère de l'Epouse
d'un Homme puiffamment riche. Le Jeu-
ne-amant avait une fortune égale à celle de
fa Pretendue: Sa Sœur , mariée à l'Homme opulent, n'en avait pas eu davantage :
les deux Jeunes-gens ne virent que cela,
par-malheur! Ils ne reflechirent pas, que
l'Homme-d'affaires avait des reffources
immenfes, qui leur manquaient : Ils f'é-
pousèrent. Pendant les fêtes des noces,
les carroffes du Beaufrère, & tout le fafte
de l'opulence enivra les Nouveaux-époux;
ils fe crurent riches comme lui-même,
parce-qu'il leur prêtait une partie de fon

luxe. Établis dans leur menage, & obligés de vivre de leur fortune, ils conservèrent quelque-chose du ton de grandeur avec lequel on les avait mariés : C'eſt une grande imprudence que le luxe des noces ! elle reſſemble à celle de ces Mères, qui parent leurs Filles à-l'excès dans l'enfance, & qui ſont enſuite ſurprises de les voir coquettes à vingt-ans. La Sœur du Mari, dans la première visite qu'elle rendit aux Nouveaux-époux, fut ſurprise du ton qu'ils prenaient : Elle fit en particulier des representations à ſon Frère : ——Mon Ami, (lui dit-elle), il ne faut pas proposer ta Sœur pour modèle à ta Femme : je ſuis l'épouse d'un Homme riche, à quî je dois faire honneur de ſon bien : toi & ta Femme, vous n'avez que les moyens bornés que j'aurais-eus, ſans mon mariage avantageux : C'eſt l'exemple de mon Père & de ma Mère, qui doit vous guider : il ne faut pas que ta Femme ſorte de ton état ; il était celui de ſes propres Parens ; ſans quoi vous culbuteriez-. Le Jeune *Deperlière* ſentit que ſa Sœur avait raison : mais il la pria de ne pas trouver mauvais qu'il ne fît part de ſes obſervations à ſa Femme que peu-à-peu : ——A peine ſommes-nous mariés ! ajouta-t-il ; je ne voudrais pas empoisonner, par des reflexions

trop ferieuses, les premiers inftans de notre union. —Mon Ami! reprit la Sœur,
il vaudrait mieux aujourdhui que demain,
& hier, pour ces choses-là, valait mieux
qu'aujourdhui-. La Sœur ne fut pas écoutée : Deperlière était haut fotement, comme la plupart des Parisiens; il n'osa pas
dire à fa Femme de moderer fa depenfe.

Laiffer faire à une Femme toutes les
folies qu'elle veut, c'eft ce que les Dames de Paris appellent, *rendre une Femme heureuse.* Mad. Deperlière publiait
partout que fon Mari la *rendait heureuse:*
Un Homme fage, qui dînait avec elle
dans une maison, la pria un-jour d'expliquer ce qu'elle entendait par-là ? Mad.
Deperlière fe fit un plaisir de lui detailler
toutes les complaisances de fon Mari.
—Trifte bonheur, madame! (f'écria le
Philosophe), que celui qui, dans peu d'années, va vous reduire à la misère-! La Jeune-épouse choquée, le regarda de-travers,
& depuis ce moment, ne lui reparla plus.
Elle n'examina pas même, fi ce groffier
Perfonnage, comme elle l'appelait, pouvait avoir tort ou raison : Sans reflechir
fur fes moyens, elle continua d'imiter fa
Bellefœur; & comme elle avait moins
d'experience, & plûs de jeuneffe, elle la
furpaffait en depenfe. C'était un plaisir
bien doux pour elle, lorfqu'elle y alait

manger, de se voir fêtée par les Elegans &
les *Petitsmaîtres*, qui lui croyaient une
fortune considerable ; tous les égards,
toutes les attentions étaient prodigués à
une Jeune-personne, dont le bon-goût
relevait les charmes : Le Mari lui-même
aquerait de la consideration par sa Femme ; on le fêtait. C'en fut assés pour
lui tourner la tête ; s'il lui prenait quelques accès de raison, & qu'il en fît part
à sa Femme, elle lui repondait, —Mais,
mon Ami, c'est ne pas exister, que de vivre comme tu le dis ! Deperlière en convenait, & la laissait maîtresse.

Les deux Epoux avaient eu chacun qua-
trevingt-mille livres en mariage ; ce n'é-
tait pas en fonds ; c'était en bons effets,
provenans de la vente, par licitation, de
quelques terres, & du mobilier de leurs
Parens : Cette somme était dans leur
portefeuille, & destinée par le Mari, à faire les fonds d'une entreprise, que son
Beaufrère lui procurait. On puisait
dans ce portefeuille : Deperlière voyait
bien que ses fonds s'en-alaient, par les
demandes continuelles de sa Femme ;
mais il s'en-consolait, en pensant, que les
profits de son entreprise surpasseraient de
beaucoup l'interêt de l'argent, & qu'il se
ratrapperait. Les deux fortunes reunies,
formaient, au taux ordinaire, huit-mille

livres de revenu: dans les premiers fix mois, la Jeune-épouse, en depenfa dix-mille : Elle avait, Femme-de-chambre, comme fa Bellefœur, Jokey, Laquais, & Cocher pour un remise, qu'on louait très-fouvent, moins le Cocher, ce qui fesait une petite diminution dàns le prix. Elle était fi flatée des complimens qu'elle recevait chés fa Sœur, que pour f'en rendre plus digne, elle donna quelquefois à manger : On fit aux appartemens une depenfe de mille-écus, qui fut en outre des dix – mille francs ; ce qui porta la depenfe, à la fin du feptième mois, à plus de quatorze-mille francs, tout compris. Lorfque Madame donnait à manger, c'était avec une forte de magnificence ; elle ne voulait être inferieure à Perfonne ; on fit, dans le huitième mois, pour le feul ornement de la table, une depenfe en argenterie, en furtouts, &c.ᵃ, de deux-mille ecus : —Cela nous refte, mon Ami-! disait la Jeune-femme à fon Mari effrayé. Mais il aurait pu lui repondre, —C'eft une partie de notre fortune qui ne nous rapporte rien-. Dans le neuvième mois, Madame f'aperçut qu'elle n'était pas auffi-bien en brillans, que certaines Femmes : il falut facrifier encore une fomme de deux-mille écus, pour cette partie. La toilette de Madame,

F 4

tous les jours alait à six-francs, l'un portant l'autre ; car elle avait un Coîfeur celèbre, qui pour certains accomodages , en prenait douze , qu'il fesait payer un louis aux Financières (disait il).   Quant à la surveillance du menage , des restes du vin, des liqueurs, Madame était trop occupée pour elle-même ; elle n'en avait pas le temps.   A la fin de la première année, la depense montait à vingt-six-mille livres ; l'entreprise en avait rapporté treize ; c'était la moitié de *deficit*.

Deperlière cependant se consolait. Il se disait à lui-même, & sa Femme lui disait aussi, Que les depenses faites, l'étaient pour un temps considerable , & qu'on n'aurait plus que le courant : —Il faut bien se sentir de ce qu'on a (observait la Jeune-personne) ; quand nous irons nous ensevelir comme des Ours, dans notre jeunesse, & devenir riches, quand nous serons vieux , de quoi cela vous servira-t-il ? à faire moquer de nous par nos Heritiers- ?.. Il ne faut peut-étre pas devenir riches ; mais il faut encore moins se ruiner, & se donner en superflu present , le necessaire de l'avenir.

La seconde année, les profits de l'entreprise furent de vingt-six mille-livres : ils couvraient ainsi la depense de la première année : mais le Mari eut la faiblesse de le dire à ſa Femme. Auſſitôt la tête de la Jeune-épouſe ſe monte ; elle invente pour regler ſa depenſe à vingtcinq-mille francs: il eſt audeſſus de ſa portée de ſonger, qu'il y aura des pertes inevitables , & qu'il faut ſouvent un gain de cent pour cent, pour les pouvoir ſupporter : Que ſera-ce , ſi l'on mange exactement chaque année , tout le produit ?... Mad. Deperlière , partout où elle alait , ſ'annoncait comme ayant vingtſix-mille-livres de revenu ; peut-être les arrondiſſait-elle à trente ; le nombre eſt plus noble , & ſent moins la bourgeoiſie.

Cependant les avis du Beaufrère & de la Sœur du Mari revenaient ſans-ceſſe. —Ne vois-tu-pas, mon Ami, dit un-jour mad. Deperlière à ſon Mari, que ta Sœur eſt jalouse de nous voir auſſi-bien qu'elle? —Il en pourrait être quelque-chose-! (repondit l'aveugle Epoux). Il aurait du neanmoins ouvrir les yeux la troisième année: les profits ne furent que de quatorze-mille-livres , parcequ'il y en eut ſeize de perte. Loin d'être effrayée par-là mad. Deperlière dit à ſon Mari: —Vois-tu, mon Ami, que nous aurions eu trente-mille-livres , ſans les pertes ? l'entreprise les a reellement produits; nous avons trente-mille-francs par an ; c'eſt quatre de plûs que l'an-paſſé; l'an qui vient,

il y en aura quatre de plûs , peut-être davantage ; mais par économie, bornons-
nous à depenfer nos trente mille livres,
& laiffons tout le furplus, pour parer aux
pertes-.   Qui le croirait ? ce raisonnement infenfé ne fut pas contrarié par le
Mari ! Cet Homme fe flatait lui-même; il
efperait encore plûs que fa Femme :   Il
ne fesait pas attention, qu'en fe livrant
aux plaifirs qu'elle lui procurait, fes profits
devenaient moindres que ceux de fes
Confrères , toujours attentifs , toujours
presens.

Les trente-mille livres furent depenfées
dans l'année : Mad. Deperlière avait cal-
culé cela au jufte; il n'en refta pas un fou.
L'entreprise produisit dix-mille-livres ; il
y eut vingt-quatre-mille livres de pertes,
par la negligence du Mari , & fon peu de
foin, parce-qu'il voulait être de toutes les
parties.   Sa Femme n'en triompha pas
moins ; elle lui montra que les quatre-mil-
le livres d'augmentation .avaient eu lieu,
& qu'en évitant les fautes par la fuite, le
gain ferait affuré !....

Qu'ajouter à ce tableau ? Celui de la
ruine complette.   Mad. Deperlière, fans
avoir aucun vice fcandaleux, avec les feuls
defauts ordinaires,   aneantit en huit ans
les cent foixante-mille-livres qu'elle & fon
Mari avaient apportées en mariage. Leur

fonds attaqué tous les ans, se minait in-
sensiblement ; le Mari le voyait, mais une
fausse philosophie lui fesait mepriser les richesses (disait-il), sans-doute parce-qu'il
en jouissait encore. Une Pièce excellente
sur le Luxe & la Pauvreté, que lui lut
un de ses Amis, acheva de l'endormir ;
parce-que toute nourriture devient mauvaise, pour les mauvais estomacs : Il est
aisé de voir que ce ne fut pas la faute
de la Pièce ; mais celle de l'Auditeur mal-
disposé. La voici :

VIII Lecture : *Le Luxe & la Pauvreté.*

» O Mortels ! la soif de votre bonheur
me devore ! Chers Compatriotes, ô vous
mes Contemporains, que ne puis-je, à
force d'y rêver, trouver une verité con-
solante, qui diminue les peines imagi-
naires qui vous accâblent! Je vous ai dit
que la Mort n'était rien (*) : La Pauvreté est moins encore.... Portion avilie du
Genre-humain, ô Pauvres, qui languissez
dans la misère, contentez-vous du necessaire le plus étroit; le Riche, dans son opulence, ne peut avoir, comme vous, qu'autant de bien qu'il a de mal.... O Riches!
je vous aime autant que les Pauvres ; car

____

(*) Dans la 50. *Juvenale*, à la fin du
II Vol. du *P.ⁿ-P.^{ne} pervertis*.

je ne pretens qu'à retenir Ceux-ci dans l'ordre, en les empéchant d'envier votre fort. Chers Concitoyens, que le Hibou melancolique, mais non misanthrope, vous reunisse tous, Riches & Pauvres, & vous presse contre son sein ! vous êtes tous également ses frères : il n'envie pas les Premiers ; les Seconds ne lui font point horreur.... Femmes, quand j'ai crié d'une voix de Stentor, Soyez soumises ! je n'ai voulu que votre bonheur ! Maris, quand je vous ai dit : Vous êtes chefs ! j'ai voulu vous faire comprendre la grandeur & l'étendue des devoirs que vous avez à remplir. Helas ! je n'ai plus d'interêt à avoir une Femme soumise, & à être un mari imperieux : Je suis desinteressé; mais le desir de votre bonheur à tous me consume & me devore !

»Ecoutez, ô mes Concitoyens, ce fragment, d'un sermon qui devait être préché à *Saint-Roc*, dans le carême, il y a longues années, par un Prêtre philosophe, que la mort enleva..... Je vais le copier mot-à-mot, en ne supprimant que quelques formules :

» Riches ! vous venez d'entendre l'oracle du saint Legiflateur ! O Pauvres ! vous venez de tressaillir d'aise & de confolation ! Mais eft-il fondé cet oracle ? Oui, oui, fur la raison , autant que fur la religion.

>> Lès Hommes font frères. Vous, qui poffedez davantage ; vous, qui tenez de vos Pères la fubfiftance de dix, de vingt, de cent Familles, êtes-vous fûrs que ces biens amoncelés , le furent legitimement ! n'y a-t-il pas toujours cent à mettre contr'un, qu'ils ne furent amaffés que par des moyens injuftes ? Alors de quel droit les retenez-vous ?.. Mais examinons, mes Frères , les moyens ordinaires, & voyons quels feront ceux que la raison regardera comme legitimes : Il en eft bien-peu !

>> Le premier principe, le principe certain, c'eft que tout étant à tous, Celui qui f'attribue audelà du neceffaire, viole effenciellement la loi de la nature. Qui l'excusera ? Les Inftitutions fociales ? Il eft vrai qu'elles ont ce pouvoir. Refte donc à voir, quels font les moyens juftes & legitimes de f'enrichir, fuivant les inftitutions fociales. Si vos Pères, ô Riches ! les ont violées, ils doivent être affimilés aux Voleurs de grand-chemin ; & vous, qui les recelez, en les retenant, vous meritez la même peine, la même infamie : car vous avez violé la loi fociale , qui n'était elle-même deja qu'une indulgente exception à la loi naturelle : vous avez doublement violé la loi de la nature !

>> Les moyens juftes de f'enrichir , fui-

vant la loi fociale , c'eft le travail opiniâ-
tre ; ce font les talens , l'intelligence , qui
tire des chofes un produit double, mais
innocent, fans le prendre fur la portion de
Perfonne : comme lorfqu'un Agriculteur
éclairé cultive fes champs , de-façon à
faire double ou triple recolte : comme
lorfqu'un Artifte produit des chéfd'œuvres : comme lorfqu'un Savant éclaire
fon fiècle, touche les cœurs fenfibles , &
produit des ouvrages excellens, que tout le
monde f'empreffe d'avoir : comme lorfqu'un Medecin decouvre un fecret de guerir certaines maladies , fûrement , promp-
tement, commodement: comme lorfqu'un
Mecanicien habile invente une machine
qui abrége les travaux , & qu'on lui donne une recompenfe ; l'Etat la lui doit,
car il fert la Societé entière, & il eft jufte
qu'on lui faffe prefent d'une partie de l'é-
pargne que fon invention doit produire :
comme lorfqu'un grand Capitaine , tout-
entier à fon devoir, fauve l'Armée par fes
fages combinaisons, la rend victorieuse,
en verfant peu de fang-humain , & chaffe
même plutôt l'Ennemi , qu'il ne le tue :
comme lorfqu'un Negociant induftrieux
procure à fes Concitoyens d'excellentes
denréesàbon compte, de bonnes marchandises, qu'il tire en échange d'autres marchandises du crû de fa Patrie, dont l'a-

chat ne peut l'appauvrir, & qu'il y gâgne, en contribuant à l'économie de fes Acheteurs : comme lorfqu'un Manufacturier trouve un moyen de fabriquer des étcfes dans fon pays, des glaffes, des porcelaines, des terreries &c.ᵃ, &c.ᵃ, qui ne font point inferieures à celles de l'Etranger : Tous ces Hommes aquièrent legitimement des richeffes, fuivant les loix fociales ; ils peuvent en jouir : La fortune de *Voltaire* était legitime ; la pauvreté de *Jean-Jacques* était glorieuse : La Nobleffe même, acquise par tous les moyens que je viens de detailler, eft egalement illuftre : Non que j'approuve qu'un Fils imbecile, ou mechant, foit noble comme le Grand-homme, ou l'Homme utile dont il eft fils ; mais enfin la fource eft belle, fi le ruiffeau eft bourbeux.

»Mais, ô Vous, que le merite de vos Ancêtres, ou le vôtre, a legitimement opulentés, dites-moi, fi vous vous êtes enrichis, ennoblis tous feuls ! Vous êtes riches, vous êtes nobles, & n'en avez que de plûs-grandes obligations à la Société, qui vous honore par des diftinctions. Ces Pauvres, qui languiffent auprès de votre opulence & de votre luxe, ont deux mains qui vous ont fervis : Ils ont porté vos fardeaux ; ils ont filé vos laines, tiffu vos foies & vos toiles ; ils ont aumoins confommé de vos marchandises: Ils ont fervi le Heros, comme foldats, comme valets d'Armée. Ils ont des droits facrés à une portion de vos richeffes! Ils font hommes enfin, vos frères ; ils font des Chretiens.

» Voyons à-present, quels font les moyens illegitimes, malheureusement les plus ordinaires, qui conduisent à la fortune : Riches, qui m'entendez, examinez-vous.

» La Finance eft un état legitime : mais les gains le font-ils toujours! combien defois les Financiers n'on t-ils pas abusé de la facilité des Miniftres, pour fouler les Peuples, pour f'enrichir feuls, en appauvriffant l'Etat! C'eft alors que leurs immenfes fortunes infultant à la misère publique, femblaient crier vengeance au Ciel, & à la juftice des Rois : elle eft quelquefois tombée fur eux, cette juftice terrible!.. N'en-eft-il aucun parmi vous, Chretiens mes Frères, qui ne doive fon opulence actuelle à cette fource impure ? Rentrez dans votre cœur, ô Riches, & fongez à quoi vous êtes obligés envers vos Frères! Voyez un Dieu vengeur, dont le bras levé menace de frapper, fi vous faites un indigne usage de richeffes indignement accumulées! Mais pourquoi vous épouvanter par des menaces? je ne veux parler à

des Hommes raisonnables, que le langage
de la nature & de la raison. O mes Frères ! ne ſentez-vous-pas au fond de votre
cœur, que vous pourriez être à la place du
Pauvre ? Ne ſentez - vous-pas qu'alors,
vous ſeriez indignés de voir le luxe & le
ſuperflu des Fils & des Filles de l'Op-
preſſeur des Peuples ? Ne ſentez-vous-pas
la douleur que vous éprouveriez ! Scrutez
votre cœur ; ſentez-y l'indignation bouil-
lonner. Faites ce que vous voudriez qu'on
vous fît. Et ne croyez-pas que ce ſoit
ici un conſeil ! c'eſt une obligation naturelle ; c'eſt une obligation religieuse : la
nature vous ordonne de ne rien garder de
ſuperflu ; la Religion vous menace ; toutes-deux vous puniront, ſi vous les bra-
vez : Et ne croyez - pas échapper à
la nature ! Soyez durs, continuez d'être
durs, & vous verrez quel genre de punition elle vous infligera ! Peut-être la
mort, peut-être la revolte, certainement
le ſupplice de ſavoir que vous êtes deteſ-
tés ; certainement la cruelle conſcience de
la dureté de votre cœur, que vous ſentirez
comme la ſentent les Tirans, par le besoin
d'être plus durs encore, afin de vous de-
guiser votre barbarie... Mais la Religion !
l'entendez-vous tonner ! *Malheur aux*
Riches ! Malheur à vous qui riez, qui vi-
vez dans les delices ! Un-jour viendra,

peut-être demain, que vous demanderez unegouttd'eau,pour vousrafraîchir lalangue, & elle vous fera refusée! O Riches incharitables! tremblez! La haîne & le mepris en ce monde ; d'eternels fupplices en l'autre, voila ce qui vous attend......

Mais, que dis-je? eft-ce donc une grâce que je vous demande pour les Pauvres? Eft-ce donc une œuvre libre que je vous propose, lorfque je vous dis, que vous ne devez-pas avoir des parcs immenfes, tandis que le Pauvre n'a pas un pouce de terre à cultiver? Non! non! c'eft un devoir indifpenfable. Ou fortez du temple, ou renoncez à Jesus-Chrit, ou obeiffez! *Malheur à vous Riches ! il vous eft plus difficile d'entrer au Royaume des Cieux, qu'à un câble de paffer par le trou d'une aiguille.* Vous devez diftribuer de la terre, aux Pauvres-gens de la campagne, afin qu'ils travaillent, qu'ils vivent, & qu'ils élèvent des Enfans! Vous êtes coupables d'un crime horrible, en retenant ces terreins inutils, qui aneantiffent des generations, dont vous êtes les parricides! Je n'exciterai pas les Pauvres contre vous, mais je dirai à l'Adminiftration: -Mettez la main fur ces poffeffions immenfes; quand la loi de la propriété eft injufte, on doit l'abroger; cette loi facrée n'a été portée que pour l'avantage du Genre-humain; si elle y devient contraire, il faut la moderer: Voici une loi éternelle, la plus sacrée de toutes, l'avantage du Public, de la Nation, de l'Etat; c'est à celle-ci que tout doit être immolé. Riches, ne soyez donc plus ni durs, ni insolens, ou vous hâterez une revolution desastreuse pour vous! Tandis qu'il en est temps, prevenez-la, en devenant justes & raisonnables. Vous n'avez pas un droit exclusif à vos immenses possessions; vous ne sauriez l'avoir, de quelque source que vienne votre proprieté; c'est un abus, que la loi même qui vous autorise à les conserver, & le Souverain, les Ministres, les Magistrats superieurs ont le droit imprescriptible de vous dire, —Faites de vos vastes domaines un usage utile, ou l'Etat va vous les ôter, comme on ôte à un Enfant mutin, le pain qu'il perd, aulieu de le manger.

» Vous êtes étonnés, ô Riches! vous êtes surpris! Jamais vous n'avez entendu, dans cette chaire de verité, de pareilles maximes: on ne vous y a debité que de lieux-communs; *Faites l'aumône; l'aumône est agreable à Dieu; elle rachetera vos pechés....* Mais moi, je vous dis, Faites de vos biens un usage utile à vous même & aux Autres, ou vous commettrez le plus grand des cri-

mes , un crime égal à l'affassinat , au vol,
à l'incendie ; ou vous vous exposerez à
des revers terribles; oui, à des revers ; notre siècle éclairé , tend à la reforme de
tous les abus ; il n'est plus, ce temps, ô
Riches, où l'on ne connaissait pas les
vrais principes de la morale ; où l'on respectait de vieux abus, parce-qu'ils étaient
anciens :   On examine aujourdhui les
droits respectifs, leur fondement, leur base ; & si elle est mauvaise , cette base,
on la detruit. Redoutez ! redoutez qu'un
autre Joseph ne vienne porter une desira-
ble reforme dans tout ce qui est !   Et
je vous la predis : le mal est à son comble;
il faut un extrême remède : Toutes les
fois que le mal est intolerable , il touche
à sa fin : Il l'est parmi vous, ô Riches!
votre insolence , votre luxe, l'abus criminel de vos richesses , les crimes qu'elles
vous facilitent, tout cela est devenu intolerable, & je vois le temps qui s'avance la
faux à la main, pour couper , douloureu-
sement pour vous, les abus à la racine!....
Prevenez , hâ ! prevenez, par une reforme volontaire, cette reforme douloureuse!
Dès-aujourdhui, règlez l'emploi de vos
richesses ; terres, argent, que tout soit
employé; voyez autant vos pauvres Concitoyens que vous-mêmes, dans cet emploi; songez qu'en bienfesant au Genre-

humain, vous en faites partie, & que votre part vous reste. Au nom du Dieu de charité, mes chers Frères, aimez-vous les uns les autres, entresecourez-vous, adoucissez-vous les peines de la vie ! Et vous verrez alors, que des plaisirs nouveaux se trouveront dans cette nouvelle carrière : Je vous le dis avec assurance, ces plaisirs nouveaux que je vous indique, seront cent-fois plus doux, que tous ceux que vous connaissez : Ils seront l'avant goût de l'éternelle félicité, que je vous souhaite ».

Le même jour, Deperlière vit ailleurs une autre pièce. On sait que les Allemands aiment les *Fables*, surtout en morale : En voici une singulière d'Un de leurs Auteurs, trouvée manuscrite dans ses papiers, à sa mort à Paris, à l'hôtel de la Reine, rue *du-Bouloir.*

Le Luxe, la Depense, & la Pauvreté.

» Un-jour le *Luxe*, dans un carrosse magnifique, alait voir une belle Personne, dont il était passionnement amoureux : six beaux chevaux pommelés traînaient un carrosse tout d'or, embelli de panaches superbes ; les Coursiers ne brillaient pas d'un moindre éclat ; ils frappaient la terre avec des fers d'argent, & leurs housses, leurs superbes caparaçons étaient garnis de brillans. Une foule de Gens suivaient le carroffe du Prince, les uns à piéd, les autres à cheval : tous prenaient quelque chose des richeffes qui entouraient le *Luxe*, les uns plûs, les autres moins. Derrière eux, appuyée fur des bequilles venait à piéd une pauvre Femme éplorée, dont les habits étaient en lambeaux : Le *Luxe* arrive chés fa Belle : on l'y reçoit avec tous les honneurs dus à l'opulence : La Maîtreffe fit mille careffes à fon Amant ; Elle fe nommait la belle *Depenfe*: ce nom avait un charme particulier pour le Prince Luxe, & c'était un des attraits de la Belle que ce beau nom. *Depenfe* n'était pas feule : Sa Cour était composée de plusieurs Hommes & de plusieurs Femmes, qui paraiffaient la regarder comme leur fouveraine. On voyait, à fa gaûche, une Femme épuisée, mais ayant encore l'œil ardent, & quelques reftes de charmes, qu'accompagnait un air lafcif ; elle fe nommait m.^me *Debauche.* A côté de Celle-ci, brillait une Jeune-perfonne charmante, l'œil modefte, la rougeur fur le front ; mais en l'examinant bien, on entrevoyait de la mechanceté dans fes yeux ; c'était m.^lle *Seduction* : A la droite de la belle *Depenfe*, était un Homme effronté, l'œil égaré, les mains toujours en mouvement, comme f'il eût batu des cartes ; on le nommait le *Comte de Jeu.* A côté du Comte, était un Courtisan à-demi étendu sur un sofa, où il paraissait assoupi ; *Depense* l'appela le *Marquis de Plaisir*. Derrière elle, étaient des Hommes & des Femmes de différens âges ; le *Vicomte des Beaux-airs*, le *Chevalier d'Amusement*, le *Baron de la Force*, m.lle *Impudence*, mad. *Oisiveté*, mad. *Coquetterie* : cette Dernière était appuyée sur le dossier du fauteuil de la Souveraine ; m.lle *Escroquerie* était assise sur un tabouret, à ses pieds ; m.lle *Prodigalité* se tenait le visage caché avec son évantail. Il serait trop long de nommer les Autres. M. *Luxe* fut admiré de tout le monde, cheri, fêté : mais ce qu'il y avait de singulier, c'est que tout le monde le pillait. M.lle *Depense* lui fit demander sa bourse, par *Coquetterie* ; il ne donna pas tout ; *Escroquerie* lui prit le reste. On joua : *Luxe* perdit ses terres, ses châteaux, & jusqu'au superbe carrosse dans lequel il était venu : Alors *Depense* lui fit dire par *Impudence*, qu'il eût à se retirer. *Luxe* indigné fit de la resistance : Elle le fit mettre dehors par le *Baron de la Force*. Comme il sortait depouillé, presque nu, il rencontra sur l'escalier la pauvre Femme qui l'avait suivi éplorée : -Hâ! malheureux! lui dit elle! d'où viens-tu! comme te voila fait-! Tout le monde du Palais mit la tête à la fenêtre : *De-pense* riait comme une Folle : —C'eſt mon Mari, Madame ! ſ'écria *Pauvreté* ; il m'a épousée jeune & jolie ; on m'a-pelait Mad. *Richeſſe* , & vous m'avez peut-être connue ; mais voila comme je ſuis devenue avec ce Diſſipateur ! —Retire-toi , vieille Gueuse , dit Luxe outré ; je ne te connais pas ! —Hâ ! je me ferai bien connaître- ! En-même-temps elle le ſaisit , & d'un ſeul revers de main , elle l'étendit par-terre, le foula aux pieds, & le contraignit à demander grâce. Ils ſor-tirent enſemble , & elle l'enmena.

›Depuis ce moment , *Luxe* a reconnu Pauvreté pour ſa légitime Epouse : Ils ont eu beaucoup d'Enfans, dont les noms ſont fort-connus, les-uns bons , les autres me-chans, *Travail, Economie* ſa Sœur-ju-melle ; *Chagrin , Peine , Sueur , Baſ-ſeſſe , Crime , Prison , Gibet ,* &c. car à-peine les pourrait-on compter.

›› Le Luxe finit toujours par épouser la *Pauvreté* ; la *Pauvreté* n'eſt pas le Vice, mais elle eſt ſa voisine ›› (*).

(*) D'Autres ont composé differemment cette Fable morale : *Luxe*, fils gâté de Mad. *Richeſſe*, & de *Gain* ſon Mari, étant devenu grand, il vou-lut ſe marier : Sa Mère lui chercha un Parti convenable, remarquable par ſa beauté : Elle eut lieu d'être contente de ſes recherches ; car

›› Quelles

»Quelles font les causes de la Pauvreté?
La *Fable* vient de les indiquer, le *Luxe*,
la *Debauche*, l'*Oisiveté*, la *Coquetterie*,
le *Manque-d'attention à fes affaires*, la
Prodigalité. On fe marie avec une dot
honnête; on regarde, autour de foi,
les Femmes qui en ont apporté autant,
& fans examiner fi leurs Maris ont plûs
de merite, de talens, des emplois plus lu-
cratifs, plûs de fortune patrimoniale, on
veut depenfer comme elles : on le fait, &
l'on f'obère, on fe ruine, on tombe dans
la pauvreté. On y tombe, fans depen-

---

elle trouva dans m.^lle *Opulence*, fille de *Profit*,
tout ce qui pouvait la flater : Il n'y avoit qu'un
inconvenient, qu'elle ignorait, c'eſt qu'*Opulence*
avait été changée en nourrice, avec la Fille d'u-
ne Femme ignoble & très-meprisée, qu'on appelait
Diſſipation. Le mariage fe fit, & la fauſſe
Opulence étant devenue femme de *Luxe*, ils
vecurent quelque-temps enfemble dans les delices: Mais enfin *Opulence* fut infidelle. *Luxe*
en fureur voulut la reprimer : Alors *Diſſipation* ala trouver M. *Profit*, & lui decouvrit l'é-
change. *Profit* fe fit rendre la dot, deja fort en-
dommagée, & la completa, fur la fortune de
Luxe, qui fe trouva épuisée ; aulieu d'étre gendre
de *Profit*, il vit avec douleur qu'il l'était de *Diffipation*, & mari de *Pauvreté*, fille de cette Dernière, aulieu d'ètre époux d'*Opulence*. Ils eurent
une Fille, qui fut *Misere*, puis un Fils, qu'on
nomma *Besoin*; lefquels ont eu de nombreux
Defcendans.

fes marquées, par le feul defaut d'économie, par le manque-d'ordre, faute de
calculer. Ce n'eft pas affés pour une
Femme de ne depenfer que le revenu
de la maison qu'elle gouverne ; il faut
qu'elle n'en depenfe que la moitié, pour
mettre fon Mari à fon aise ; afin qu'il
ait toujours une fomme prête dans l'occasion. Il ne faut pas que l'Epouse
affecte, comme les Femmes de Paris, d'ê-
tre tresosière fans rendre compte. Elle
doit aucontraire fe faire une loi de montrer à fon Mari les plus petits details de
l'emploi, & tout ce qu'elle épargne. Elle
doit fe concerter avec lui, fur les meilleurs
moyens d'en tirer parti, & encourager
le Travailleur, par la vue du bon usage
qu'elle fait des fruits de fon travail. Combien peu de Femmes prennent cette route ? Et elles fe plaignent de n'être pas
heureuses ! Elles ont fait tout ce qu'il faut
pour ne pas l'être ! Depenfes folles, qui
leur font retirer de bonne-heure le ma-
nîment de l'argent ; & alors la Femme
n'eft pas utile à la maison, elle en eft l'en-
nemie la plus dangereuse : Affectation
d'independance, comme fi elles étaient
les maîtreffes, les plus fages, les plus raisonnables ; tandis que dans la realité, elles
ne font toute leur vie que des Enfans de
feize-ans, pour la maturité des penfées.

Voyez-les, examinez-les, ô Maris futils de Paris! écoutez leurs entretiens, leurs projets; voyez leur conduite; aſſortiſ-ſez un Jeune-homme de ſeize-ans aux differens caractères, & vous verrez ſi la Femme de cinquante eſt plus mûre que lui! J'ai fait mille-fois, je fais tous les jours cette experience pour vous, ô mes Lec-teurs! Je ne la fais pas pour vous affliger, ô mes Lectrices! non, je ſuis votre meil-leur ami, l'Homme au monde qui vous veut le plus de bien: Je vous avertis de la verité; je vous indique la route du bon-heur, & je vous donne les raisons de mes moyens: Vous êtes des Enfans: mais quels charmans Enfans! Hâ! je ne vous fais pas un defaut de votre éternelle adoleſcen-ce! elle vous eſt neceſſaire, comme nous l'eſt notre ſolide raiſon! C'eſt que vous n'avez pas le même rôle que nous: C'eſt que vous êtes ce que vous devez être pour câdrer avec nous! C'eſt que votre âme, votre eſprit, votre caractère ont un ſexe comme votre corps. O celeſte Compa-gne de l'Homme, je t'en ſupplie, con-naîs-toi, & ne t'abuse pas! Je m'adreſſe plutôt à Vous, ô Femmes! qu'à ces Hom-mes vils qui vous flatent, qui vous adulent, & qui vous corrompent! qu'à ces Monſtres qui vous meprisent aufond de leur âme fangeuse, & qui vous connaiſſant bien emploient les moyens les plus rusés pour vous avilir & vous faire correspondre à leur turpitude ! Et vous y correspondriez, seduites par eux, si un Ami franc, sincère, ne vous avertissait pas!.....

,,Mais quand on est devenue pauvre, est-il des moyens de bien supporter la pauvreté? Oui sans-doute : mais il faut une âme forte, une âme exaltée : Les Femmes n'ont pas l'âme forte, mais leur âme s'exalte aisement, & reste longtemps dans cet état, qui produit enfin l'insensibilité à la misère. Pour supporter la pauvreté, il faut plusieurs vertus ou qualités : La sobriété, l'indifference pour la parure , l'extinction du desir de plaire ; un amour vif pour son Mari, ou tout aumoins pour ses Enfans, *Monique-Dominot*, née dans l'aisance, tomba dans la misère, jeune encore : une suite de malheurs la conduisit dans les bras d'un Mari sans capacité : Elle eut des Enfans, & parvint au comble de la pauvreté. Alors, cette Femme, avec sa raison de seize-ans, oublia qu'elle était jolie, qu'elle avait été riche ; elle fut servante de son Mari, de ses Enfans, avec gaîté : Elle devint même plaisante : Jamais de recits douloureux, ou si elle vous en fesait, car elle aimait à parler, c'était d'une manière amusante; ses maux prenaient une teinte comique dans sa bouche; elle ne vous disait pas sans rire, qu'elle avait pleuré le matin, Ce n'était pas un art en elle; c'était la nature: C'est la seule Femme pauvre, dont la société n'ait jamais repoussé Personne. Elle ne demandait jamais à emprunter; elle refusait même comiquement : —Hô! que non! je m'en garderai bien! je ne pourrais pas rendre, & nous serions brouillés : Je veux vous conserver; votre conversation est un bien assés grand en elle-même, sans que vous y joigniez autre chose-! Avec ce caractère, elle était cherie de son Hôtesse, & de tous ses anciens Amis. Elle apprit à froter des verres de lunettes ; tout en causant, elle travaillait du matin au soir, & ne se derangeait jamais qu'une demi-heure , pour faire sa cuisine frugale. Un Homme estimable lui conseilla d'apprendre la geographie, pour enseigner. Il paya un Maître à son insu ; il lui procura des Ecolières, dès qu'elle sut les élemens; elle instruisait les Autres, à-mesure qu'elle apprenait, & elle se fortifiait ainsi elle-même : Ce genre d'occupation lui produisit beaucoup plus que son travail ; elle fut mise, elle parut charmante : les Soupirans corrupteurs accoururent. —Mes Amis, leur dit-elle, vous venez trop tard ; il falait me prendre dans la misère; je vous aurais éconduits également , mais avec moins de fierté. Alez , alez, Hommes vils, j'en-ai Un de votre espèce, & c'en est trop pour moi.   Je le garde , parceque je suis mère de ses Enfans : mais si de lui-même il me quittait jamais, ce que je redouterais le plûs, serait son retour auprès de moi.   Adieu : Quiconque m'a parlé d'amour, ne me reparlera plus ; ma porte lui sera fermée.

»Voila comme Monique supporte encore sa pauvreté, avec trois Filles qu'elle élève du produit de son seul travail : car son Mari l'a enfin quittée.   O Jeunes-Epouses ! soyez honnétes & laborieuses, même dans la pauvreté » !

Deperlière fortifié, ou plutôt engourdi par ces mâles idées , attendit son sort avec une sorte d'intrepidité : L'attendrissement que lui causa la conduite de Monique, le rendit philosophe cynique : Mais il ne croyait pas la catastrophe aussi prochaine.   Il fit en une seule année, une perte de cinquante mille-livres.   C'était tout ce qui lui restait de ses fonds propres : Il se trouva donc en un instant du faîte d'une opulence apparente , précipité dans une profonde misère.   Comment annoncer cette nouvelle à sa Femme ? Il n'en eut pas la force : Il ramassa quelque debris, & passa en Angleterre, laissant à elle-même, fans fecours, fans confeil, une Jeune - infortunée, encore dans l'i-vreffe, & qui n'avait jufqu'alors fuivi d'au-tre guide que fa folie.

Mad. Deperlière fe levait & donnait fes ordres pour fa toilette, quand on lui apporta une Lettre de fon Mari. Elle la pofa fans la lire : Elle devait aler dîner en ville, & il était tard : Elle fit une toi-lette brillante, f'admira, reçut les com-plimens d'un Abbé coquet, & partit : —Chés la riche Financière (dit-elle à fon Jockey)... Adieu, l'Abbé !... Voulez-vous que je vous jète chés vous, ou ail-leurs-! L'Abbé monta, & nomma une Actrice auffi celèbre que fcandaleufe.

• En fortant, Mad. De-Perlière avait-pris la lettre ; elle la ferra, pour la lire à quelque moment de liberté : En-alant, elle apprenait une chanfon nouvelle......... Cours, Infortunée ! tu vas goûter le der-nier de tes plaifirs !... Elle arive, elle def-cend leftement : on l'accueille, on l'envi-ronne : elle était charmante. A table, elle dit fa chanfon : Perfonne ne la favait ; elle fut écoutée avec admiration : on f'em-preffa d'en faire des copies. On fe lève de table : Mad. Deperlière avait un cercle d'Admirateurs. Au milieu de fes fuccès, en fouillant dans fa poche, elle trouva la Lettre de fon Mari. —Hâ ! Meffieurs !

(dit-elle en riant), c'est une Lettre de mon Mari ! Pardon ! il faut que je la lise : il n'est pas venu ; cette Lettre m'en dira la raison-. Elle decacheta , & lut:

Ma chère Femme : Nous sommes ruinés sans ressource : je viens d'essuyer une perte si considerable, qu'elle m'ôte le jugement & tout espoir. Je serai à Calais, quand tu recevras cette Lettre : Tu feras mieux face à nos Creanciers que moi ; l'on aura pitié d'une Femme jeune, jolie, & malheureuse..... &c.

Mad. Deperlière ne lut pas jusque-là ; elle pâlit, ses genoux flechirent ; elle se trouva-mal: on la secourut, & on lut sa Lettre... Lorsqu'elle revint à elle-même, elle ne trouva que deux Femmes , & un Vieillard à-côté d'elle ; tout le reste s'était éloigné. Elle n'y-fit pas dabord attention ; ses yeux se noyèrent de larmes : Alors une Femme & son Mari, qui l'avaient toujours un-peu enviée , lui dirent pour toute consolation: ——Aussi, madame, vous l'aviez pris trop haut-! Mad. Deperlière voulut repondre par un regard de dignité : On plia les épaules , & on lui conseilla de retourner chés elle. Outrée , elle fit appeler son Cocher : mais il était instruit par Quelqu'un de la Compagnie, & il avait remené le Remise chés le Loueur-de-carosses : L'Infortunée s'en retourna honteusement à piéd.

Arrivée chés elle, ce fut pour y voir tout mis en combustion par les Huissiers, assistés d'un Commissaire, qui verbalisait: On s'était emparé de ses meubles, de tous ses bijoux, de son linge, de ses habits; elle fut obligée d'aler chercher un asile chés sa Bellesœur. Celle-ci, dont on avait dedaigné les conseils, fut assés genereuse pour ne pas faire de reproches : elle prit soin de l'Epouse imprudente de son Frère : mais quel état! Mad. Deperlière ne put le supporter; on la vit changer à vue-d'œil; elle tomba en langueur, & traîne aujourdhui des jours languissans, que le chagrin achevera bientôt de consumer.

(*Depuis la composition de cet* Exemple, *l'Editeur a reçu des informations sur cette* Infortunée).

Mad. Deperlière avait perdu le bonheur & la santé : Sa situation était la plus triste qu'il soit possible d'imaginer, lorsqu'elle fit la connaissance d'une Femme estimable & laborieuse, aussi jeune qu'elle, & non-moins jolie. Un-jour que Mad. *Nibel* causa it avec la triste Deperlière, la Première lui dit: —Pourquoi vegeter ici dans l'inutilité ? Vous êtes jeune, aimable; votre Mari est d'un corps de Marchands : Votre Beaufrère & votre Bellesœur ne refuseront pas de vous faire une avance honnête. Prenez une boutique, vendez, économisez, & faites-vous un sort nouveau, que vous ne devrez qu'à vous-même ; car il faudra rendre, dès que vous le pourrez-. Ce conseil ne deplut pas à Mad. Deperlière, parce-qu'elle aimait Celle qui le donnait : Elle se trouvait très-avilie ; elle entrevit un moyen de l'être moins : Elle se fit marchande, dans le même genre de commerce qu'avaient-eu ses Parens : On lui prêta une somme ; elle leva une boutique, & guidée par son Amie Mad. Nibel, elle fit quelques profits qui l'encouragèrent : Les commencemens sont les plus penibles : Une fois engraînée, Mad. Deperlière goûta l'économie, & connaissant le prix de l'argent, par le besoin qu'elle en-avait-eu, elle est devenue très-menagère. On assure, qu'avec un profit mediocre, elle commence à prospèrer, & qu'elle pourra un-jour offrir un asile & le necessaire à son Mari.

Nota. Nous apprenons que Deperlière est revenu de Londres, à l'invitation de son Epouse. Mais ce n'a pas été un bonheur pour Celle-ci, ni pour lui-même : Outre que ce Parisien pusillanime n'était pas en état de gouverner une Femme, il avait fait de mauvaises-connaissances, durant la misère qu'il avait éprouvée : Il en-

gagea une ſeconde-fois dans une diſſipation ruineuse une Epouse trop facile : Il
l'a quittée enfin pour toujours, laiſſant
l'Infortunée ſans reſſource.

☞ Une Depenſière reſſemble à l'Enfant
gourmand , qui non-ſeulement devore en un jour la ſubſiſtance d'une ſe-
maine ; mais qui par-là ſe donne une
indigeſtion, & detruit ſa ſanté : Le
devoir d'une Femme, ſa qualité la plus
precieuse, la plus utile, la plus reſpectable, c'eſt l'economie : La Nature n'a donné moins de paſſions
à la Femme, qu'afin qu'elle ſoit plus
propre à l'économie : Une Femme
depenſière eſt un monſtre ; elle n'eſt
pas femme, c'eſt un Etre mal-orga-
niſé, femelle à l'exterieur, mâle par
ſon defaut-. Elle n'eſt bonne qu'au
Cloître , où elle ne ferait du moins
que ſon propre malheur.

Sujet de la Figure du *Quinzième Exemple.*

La Femme-jalouse faisiſſant un papier , que ſon
Mari commençait d'écrire, & qui était pour
elle même, mais qu'elle croit pour Une-autre :

» Fort-bien, monſieur ! fort-bien ! quand vous ne
» la voyez-pas, vous lui écrivez » !

XV Exemple :

La Femme - jalouse.

Nos mœurs veulent que la jalousie, même fondée, soit un ridicule dans l'Homme : Elle est certainement une frenesie dans la Femme. Jeunes-épouses, évitez ce travers dangereus ! & en-eussiez-vous un veritable sujet, tâchez d'employer un autre moyen de ramener le Coupable à son devoir !... Mais la jalousie est involontaire !... Malheur, hâ ! malheur à Celui, & surtout à Celle qui éprouve ce terrible fleau de l'amour ! Il est au moral, ce qu'un autre mal non moins redoutable est au physique.

Une Boiteuse d'une figure mignone, & dans laquelle ce defaut même de la nature semblait une grâce, épousa un Amant plûs jeune qu'elle de quelques-années, devenu sage autant qu'amoureux, par la passion que l'aimable *Berthe* lui avait inspirée. Les commencemens de cette union furent très-heureus ! Le Jeune *De-Burigni* adorait son Epouse & sa bienfaitrice.

15

Berthe enchantée de règner fur un Jeune-homme aimable, n'était que douceur & bonté. —Comment fe fait-il que je fois fi heureux ? (lui difait quelquefois De-Burigni) : ma charmante Compagne, tu es une Fée, une Divinité-! Ce langage partait du cœur ; le jeune Mari parlait comme il penfait.

Après quelques-mois de mariage, Berthe fit une reflexion fenfée ; elle craignit que la fatiété n'éteignît le goût de fon Mari, fi elle le retenait toujours auprès d'elle, ou fi elle voulait lui fuffire feule : Elle chercha fagement à lui procurer des amufemens honnêtes. De-Burigni ne goûta pas d'abord ce nouveau plan : —Je t'adore (difait-il à fa Femme) ; je trouve avec toi plûs qu'avec tout le refte de l'Univers, un cœur qui m'aime, une beauté touchante & qui me ravit, une Amie fage, éclairée, qui veut bien guider ma jeuneffe. Ce langage & ces difpofitions confirmèrent Berthe, dont le cœur était difpofé à la jaloufie, à fuivre fon plan: Elle ne voyait alors qu'une feule manière de perdre le cœur fon Mari, l'ennui d'une vie fimple, uniforme ; elle perfifta. Mais elle choifit les Perfonnes qu'elle voulait mettre de fa fociété: ce fut une Famille entière, eftimée, & qui meritait de l'être, par fon état, fes mœurs ; furtout par la fageſſe & la bonne conduite de ſes Chefs ; le Père & la Mère étaient également exemplaires.   Cette Famille était com-poſée de ſix Enfans , un Garſon , & cinq Filles.   Le Fils était le plus jeune ; c'était encore un Enfant de ſept ans, l'Objet de toute l'attention de la bonne Famille. De-puis longtemps , on aſpirait , dans cette maison , après une liaison intime avec Mad. De-Burigni, à-cause de ce Fils che-ri , qui dès qu'il la voyait , ſ'attachait à elle, & ne la quittait pas ſans peine : —Elle a un talent particulier pour ſe faire aimer, disait-on dans la Famille *De-Jancé* ; elle formera le cœur de *Fanfan* , & le pre-servera des fautes de la jeuneſſe : voyez comme elle a retiré ſon Mari du liberti-nage : comme il l'adore ! voyez comme Fanfan lui-même la prefère à tout le mon-de, même à nous ! Il eſt aisé de sentir, d'après cela, comme Mad. De-Burigni fut accueillie, dès qu'elle montra le desir de ſe lier plus intimement.

Tout ala dabord comme la Famille Jancé l'avait eſperé ; Berthe ſe rendit en peu – de – temps maîtreſſe de l'eſprit & du cœur du Jeune De-Jancé ; elle en fit tout ce qu'elle voulut, & ſes Parens fu-rent émerveillés ! —Quel heureux talent (lui disaient-ils devant ſon Mari), de ſavoir ainſi captiver les cœurs, & qu'il eſt precieux-! De-Burigni, comblé de voir ainſi louer ſa Femme, encheriſſait ſur les éloges qu'on prodiguait à Berthe : —Tu vois, mon Amie (lui diſait-il), que je te dois tout : mon bonheur eſt ton ouvrage; avec toute-autre, je ſerais un vaurien, un malheureux : tu as un charme irreſiſtible-. Il l'embraſſait, la regardait, la conduiſait devant une glaſſe, & lui diſait : —Qui peut reſiſter à ces beaux yeux? à cette jolie bouche? à cet air ſi-doux, ſi touchant? à ce minois fait pour tout ſeduire? La nature te fit pour charmer, & tu charmes; c'eſt ton lot-. Ce tendre langage, tenu journellement devant la Famille Jancé, fit que Berthe s'applaudiſſait de l'idée qu'elle avait-eue. Les d.lles De-Jancé, *Sophie*, *Adelaïde*, *Victoire*, *Eugenie* & *Josefine*, la felici-taient & la prenaient pour modèle : Loin d'avoir porté atteinte à ſon bonheur, Mad De-Burigni l'avait aſſuré, augmen-té : Ce fut elle-même qui le detruiſit.

Son Epous était de ces Pariſiens, dont les manières nigaudes, enfantines, indi-quent du tatillonnage & ſouvent de la ſo-tiſe : Dans le Jeune De-Burigni, ce n'é-tait pas cela, mais une ſorte de bonhom-mie, de naïveté, que le bonheur lui avait donnée. Sophie De-Jancé, grande, fait-te-au-tour, ayant l'air impoſant, frappa le Mari de Berthe; il l'admira : ſa manière de le temoigner, fut de lui marquer un respect affecté ; il la nommait *Junon* : il donnait le nom de *Pallas* à Victoire, la troisième, qui avait l'humeur guerriere ; Adelaïde, plus douce, plus migone, fut pour lui *Venus* ; il appelait Eugenie *Psyché*, Josefine *Flore*. Il se comportait avec ces Jeunes-personnes, d'après les noms qu'il leur avait donnés. C'était un vrai badinage : l'innocence était rentrée dans le cœur de Burigni depuis son mariage, aussi parfaite, que s'il ne l'avait jamais perdue : Mais Berthe ne crut pas l'effet de ses charmes aussi-puissant qu'il l'était.

Elle fut dabord desagreablement affectée du respect que son Mari montrait pour Sophie, de l'espèce de familiarité, que le nom de la Deesse lui donnait avec cette Jeune-personne. De-Burigni volait aux moindres ordres de Sophie, sous pretexte, que c'était ainsi qu'il falait obéir à la Reine des Dieux. Il fesait quelquefois des armes avec *Pallas*, qui en peu-de-temps se servit du fleuret aussi-bien que lui : Avec *Cypris*, il affectait l'air entreprenant de nos Petits-maîtres à bonne-fortune : Il était tendre & sentimenteux avec *Psyché* : Il papillonnait avec *Flore*. Comme il fesait tous ces rôles en-même-temps, Personne n'y donnait une attention serieuse, pas même la Mère des Jeunes-personnes, femme prudente, autant qu'éclairée. Mais Mad. De-Burigni voyait tout cela d'une autre manière: Ce n'est pas que sa raison ne la portât à penser comme Mad. De-Jancé: mais elle avait au fond de son âme une disposition secrette, qui l'emportait sur la raison. Il faut pourtant lui rendre la justice de dire, qu'elle renferma cette fatale disposition au-dedans d'elle-même, tant qu'elle put. Mais enfin, tourmentée continuellement, ses efforts pour se vaincre alterèrent son humeur; elle devint moins aimable, & son Mari s'en aperçut. Les passions douloureuses, ou basses, ou atroces, ont un type, qui s'imprime sur le visage; elles contractent la plus-jolie bouche d'une manière desagreable, repoussante: c'est le grand art de la Cour d'empêcher ce type de s'imprimer, & ce n'est que là qu'on y reüssit. Toute la Famille De-Jancé remarqua du changement dans Berthe; il n'y eut-pas jusqu'à Fanfan, qui la trouva moins aimable, & qui cessa de la preferer! De-Burigni fut Celui qui s'arrêta le moins à ces remarques: Il aimait sa Femme d'habitude, & par reconnaissance, autant que par goût; la preference qu'il lui donnait, était encore telle, qu'il ne lui fût jamais tombé dans l'idée, qu'elle était jalouse: Ce fut elle-même qui le lui apprit.

Un soir, elle fut d'autant-plus mauffade chés M. De-Jancé, que fon Mari f'y montra plus-gai.   De-Burigni, au-milieu de fon badinage, qui pourtant n'avait rien que de très-decent, fut arrêté par l'air froid de fon Epouse.   Il ceffa, mais fans affectation, vint auprès d'elle, & la voulut embraffer.   Elle le repouffa doucement, & il vit une larme dans fes yeux.   Interdit autant qu'étonné, il lui demanda naïvement, ce qui la chagrinait? —Je vous le dirai (lui repondit-elle).   L'air froid que ce mot repandit dans toute la Compagnie, fit qu'on ne tarda - pas à fe feparer.

Arrivés chés eux, M. & mad. De-Burigni, également embarraffés, fe regardèrent quelques inftans fans rien dire.   Enfin le Mari prit la parole: —Mon Amie, tu n'es pas dans ta fituation ordinaire? —Pardonnez-moi.   —Ce mot, ce ton me difent le contraire? Parle, ma chère Femme: fi quelque chose t'a-deplu dans ma conduite, je fuis prêt à te tout facrifier-?   A ce mot, les larmes f'échappèrent des yeux de Berthe: —Hébien, mon Ami (repondit-elle), j'ai cru...... j'ai-penfé...... que tu aimais m.^{lle} De-Jancé l'aînée.   —Comment!... Mais cela eft inconcevable, à-moins que tu n'aies-penfé que je les aimais toutes-cinq!

—Non, c'eft l'Aînée que tu preferes ; j'ai lu dans ton cœur. —Mon Amie, tu te trompes, bien - furement ! —Laquelle donc preferez-vous. —Auqu'une ; je n'aime que toi : —Vous me trompez ! —Pourquoi te tromperais-je ? tu m'as toujours infpiré beaucoup d'amour , & jamais de crainte. —Hâ mon Ami ! fi tu dis vrai, tu m'ôtes un grand poids de fur le cœur ! —Si je te dis vrai , ma chère Femme ! hâ ! fi nous étions à-marier, tu verrais par la preference que je te donnerais, que tu es la feule Femme qui parles à mon cœur. Je t'adore, ma chère Compagne-! Berthe fourit d'une manière charmante, & fon Mari tomba aux genoux d'une Femme, à laquelle rien ne pouvait refifter , quand elle voulait être aimable. Ils fe reconcilièrent ; tous les doutes furent-diffipés : Berthe fut encore heureuse ; mais pour la dernière-fois.

Le lendemain, à l'heure d'aler chés M. & Mad. De- Jancé, elle fe prepara pour fortir : mais une idée lui vint : —Voyons f'il y penfera de lui-même-! Rien de plus naturel que De - Burigni penfât à une vifite agreable, qu'on fefait tous les jours. Après qu'il eût terminé fes affaires , il vint auprès de fon Epoufe d'un air fimple, naturel accompagné de cette affectation de timidité, telle qu'un Fils l'au-

rait avec fa Mère : Il dit : —Hébien ! mon
Amie, alons-nous-? —Non, monfieur
(repondit froidement Berthe, en fe mor-
dant les lèvres). De-Burigni fut aterré
de cette reponfe, à laquelle il ne f'atten-
dait pas. —Mon Amie; comme il vous
plaîra : fi je ne fuis pas le motif qui vous
empêche d'aler chés nos Amis, quel qu'il
foit, je l'approuve ; mais fi c'était moi,
vous auriez-tort, mon Amie : Je n'ai
jamais demandé d'autre fociété que la vôtre ; elle m'a toujours fuffi, & me fuffira
toujours. Reftons, puifque vous le voulez, & decidez de nos amusemens-. Berthe embraffa fon Mari. —Tout ce que tu
dis me raffure : Partons, mon Ami ;
alons chés m. & mad. De-Jancé-. On
partit, fans que De-Burigni repliquât ;
mais il reflechiffait. —Pourquoi ma
Femme craint-elle m.lle De-Jancé l'aînée?
—C'eft qu'elle a tout ce qui lui manque,
repondit une voix fecrette : Elle eft grande ; elle a la taîlle majeftueuse ; la demar-
che noble : Ma Femme n'eft-qu'un joli
Colifichet.... Elle eft jalouse-!.... Cette
idée ; *Elle eft jalouse*, fut la dernière,
& refta. Elle chagrina un Mari qui n'a-
vait pas de torts : —Que ferait-ce donc,
fi j'aimais ... malgré moi ... cette Sophie...
qu'on redoute tant ! Eft-elle-donc fi
redoutable ?.. Mais, oui ! elle eft ... char-

mante.... Elle n'eft-pas ma femme.......
Sacrifions le plaisir de la voir... Aufond,
la jalousie de ma Femme eft une peuve
de fa tendreffe-...., Il f'en tenait-à cette
idée, quand on arriva chés M. De-Jancé.

Les deux Epoux furent accueillis
comme à l'ordinaire : Mad. De-Burigni
parut gaie, & elle fut aimable. Mais cette
difposition ne dura qu'un inftant. Son
Mari , qui venait de former la resolution
de ne pas exciter la jalousie de fa Femme,
ne fe comporta plus comme à l'ordinaire
avec les Demoiselles De-Jancé, furtout
avec l'Aînée : Il fe tenait fur la reserve ;
la politeffe fuccedait à la familiarité. Toutes les Sœurs le comprirent, & nelui en voulurent pas : Elles crurent que c'était une
convention faite avec faFemme, & elles lui
furent gré de fes menagemens pour elle.
Mais Berthe, qui vit de la contrainte, en
fut bleffée : Elle penfa tout-d'un-coup,
qu'elle alait être regardée comme le fleaude
la Société ; comme une Jalouse, qu'on de-
chirerait & qu'on tournerait en ridicule, en
fon abfence : Cette idée lui fit perdre fon
enjoument ; elle f'ennuya. Son Mari ,
tout le monde f'en aperçurent : Dans
un moment où De-Burigni & Sophie fe-
regardaient, ils eurent apparemment la
même idée à fon fujet ; ils firent un mouvement de compaffion : Berthe, qui le re-

marqua, le crut d'intelligence : —Hâ !
(dit-elle à-demi-voix), ils ſ'aiment ! ils
ſ'entendent ! j'ai perdu le cœur de mon
Mari-! D'après cette funeſte idée, elle
ſ'attendrit ; ſes larmes coulèrent : elle voulut les cacher , & courut chés elle, ſeule,
ſans en avertir ſon Mari.

On fut quelquetemps ſans ſavoirqu'elle
ſ'en était retournée ! on la demanda pour
faire un vingt-un : c'était la première-fois
qu'on demandait à jouer, depuis que M.
& Mad. De-Burigni alaient dans cette
maison : Une Femme-de-chambre, qui
avait executé quelques ordres de Berthe,
vint dire, qu'elle était partie toute en larmes. A cette nouvelle, on fut du plus
grand étonnement. On ſe demanda le motif qu'elle pouvait avoir eu : on interrogea
ſon Mari, qui ſachant qu'il était avec
des Amis ſurs & prudens , dit une partie
de la vertié. Mad. De-Jancé, après l'avoir
entendu, prit la parole : —Monſieur,
vous êtes honnête-homme , vous aimez
votre Femme ; la jalousie, dans une Epouſe qu'on aime, n'eſt pas un tort ; elle ne
l'eſt que dans une Femme qu'on n'aime-
pas : Alez la trouver ; compâtiſſez à ſa
faibleſſe ; raſſurez-la par l'expreſſion de
votre tendreſſe , & les aſſurances de votre attachement. Ne parlez-pas de nous :
Affectez de n'y pas ſonger : ſi elle vous

propose de revenir, revenez fans objection : Vous ferez toujours bien reçus : La jalousie eſt une maladie, dont la cure eſt la complaisance, la douceur & la tendreſſe : c'eſt une maladie reſpectable aux yeux des Amis qui la causent. Hé ! qui pourrait, qui oserait blâmer une Epouse, de mettre le plûs grand prix à la poſſeſſion du cœur de fon Mari ! cette paſſion, loin d'indiſposer mes Filles, contre Celle qui eſt jalouse d'elles, doit au contraire leur paraître obligeante : on n'eſt pas jaloux de ce qui nous paraît fans merite. Alez, mon cher De-Burigni : le devoir, la reconnaiſſance, la tendreſſe, l'humanité même vous obligent à montrer à votre Epouse des fentimens qui la calment : Cheriſſez la, elle n'en fut jamais plus digne, & n'en eut jamais tant de besoin.

De-Burigni était diſposé à fuivre ces conseils : Il courut chés lui. Mais il n'y trouva pas fon Epouse : elle venait de fortir. Ne fachant où elle était alée, il prit le parti de l'attendre. Une plume fe trouva fous fa main : Il fe mit à écrire.

Toi, qui m'es plus chère que ma vie, toi, ma deeſſe, reçois l'hommage d'un cœur tout à toi.... Il ſ'arrêta là, parce-qu'il venait d'entendre un petit bruit : En fe retournant, il vit fa Femme qui

lisait sur son épaule : —Fort-bien, Monsieur! fort-bien! quand vous ne voyez-
pas votre Junon , vous lui écrivez !
—Non, mon Amie, c'est à toi que j'écri-
vais. —Vous ne me le persuaderez-pas,
Monsieur ; non jamais vous ne me le per-
suaderez. —Je te le jure, mon Amie: Il
faut me croire; car si la confiance cesse
de régner entre nous , le bonheur cessera.
—Il est cessé, Monsieur; il est cessé! J'ai
vu le signe d'intelligence que vous avez-
fait à votre *Junon*!.... Les larmes m'en
sont venues aux yeux, & je suis sortie pour
les cacher. —Je t'assure, mon Amie.....
—Ne m'assurez rien ! vous êtes faux.
—C'en est trop, Madame! vous m'ou-
vrez les yeux : vous avez un caractère....
Cessez ; ou vous m'aliénez pour jamais.
—Hâ! infortunée que je suis! tout me
confirme mon malheur ! -Non, ma chère
Femme, tu n'es-pas reellement malheureuse ; tu ne l'es qu'en imagination !.....
Calme-toi, ma chère Compagne!... Si tu
connaissais mon cœur ! ... Va, il est digne de toi. Les plus tendres caresses
accompagnaient ce langaje: Mad. De-
Burigni se calma; elle demanda pardon à son Mari de ses soupçons injustes...
Mais le cœur de cet Epoux soupçonné
venait d'être blessé : sa Femme, pendant quelques instans, l'avait-fatigué ; sa
figure

figure s'était enlaidie ; ses yeux avaient-
eu l'expression de la fureur & du soupçon
injurieux : Il se la representa quelquefois dans cet état desagreable : La scène
se renouvela, & à chaque fois, Berthe
paraissait moins - aimable. Bientôt son
Mari ne la vit plus que jalouse, odieuse:
Il osa aimer reellement Sophie....

Sa temerité fut punie comme elle le meritait, il fut banni de cette maison. Sa
Femme, qui n'en put douter, fut alors
confirmée dans ses soupçons. Elle devint
exigeante, imperieuse ; elle retint son
Mari enchaîné à côté d'elle. Il souffrit,
tant qu'il eut encore un reste de reconnaissance & d'attachement : mais l'attachement ne peut subsister, sans l'attrait du
plaisir. Le dernier est toujours la mesure
de l'autre : & dès que Burigni avait quitté
sa Femme, il se sentait soulagé ; il se trouvait mieux par-tout ailleurs qu'avec elle.
Il s'en éloigna enfin tout-à-fait ; & pour
ne pas être arrêté dans son essor, il prit le
parti de se montrer non-seulement le maître, mais tiran imperieux autant qu'injuste. Berthe voulut alors employer les
reproches, les menaces: Son Mari la bra-
va: Elle eut recours aux larmes. Il
y fut insensible : Il trouva des Femmes.... Mais laissons des tableaux, qui ne
sont pas faits pour de Jeunes Lectrices....

Les grandes Villes, & furtout la Capitale, font le fleau des mœurs : Tous les vices y trouvent non-feulement un asile, & des moyens qui les favorisent, mais des Apologistes qui les defendent, ou qui les excusent, en diminuant leurs inconveniens & leur laideur, par des difcours captieux : Molière, le grand Molière lui-même ne fut pas exempt de cette lâche complaisance pour la galanterie & la diffipation.

De-Burigni donna dans de longs égaremens : Son Epouse fouffrit d'abord toutes les horreurs de la jalousie : Elle fut fouvent au-desefpoir, & prête d'attenter à fes jours : Mais la philofophie & la religion la foutinrent : La première vint d'abord à fon fecours, par le moyen d'une Lettre, qu'un hasard heureux fit tomber fous fa main. Cette Lettre ne lui était point adreffée ; elle eft d'une Femme qui vivait il y a trois-mille ans : La voici :

1 Lettre de Theano : *A Nicoftrate* (*).

» On ne m'a pas diffimulé, ma chère *Nicoftrate*, l'égarement de votre Mari.

(*) Cette Lettre ancienne, de l'Epouse du celèbre Philosophe Pithagore, eft fi importante, que je la place ici, après l'avoir deja rapportée : on en trouvera une feconde, de la Même, dans le XXX *Exemple*, IV Volume, *fur l'Education des Enfans.*

Le voila donc amoureux d'une Courtisane, & vous voila jalouse! Je connais
bien des Hommes attaqués du même mal !
Ces Femmes-là ont un art tout-particu-
lier pour les prendre dans leurs filets, pour
les y retenir, pour leur faire tourner la
tête. La vôtre n'eft pas en meilleur état;
vous vous tourmentez nuit & jour, vous
vous laiffez devorer par le chagrin, vous
n'êtes occupée que de projets de vengeance. Regardez y bien, ma chère Nicoftrate! vous prenez un mauvais parti. La
vertu d'une Femme n'eft pas d'être la gar-
dienne, c'eft d'être la compagne de fon
Epoux; & une Compagne fidelle doit
fupporter même la demence du Compa-
gnon de fon fort. Il cherche le plaisir
dans les bras d'une Maitreffe ; mais après
l'accès de fon delire, c'eft auprès de fa
Femme qu'il cherchera fon Amie.

   » Surtout n'alez pas aggraver un mal
par d'autres maux, ni une folie par une
folie plus-grande ! Le feu qu'on ne fouf-
fle pas, f'éteint de lui-même : c'eft l'image des paffions. Voulez-vous les com-
batre ? elles f'irritent: ne les remarquez-
vous pas ? elles f'appaisent.

   » Connaiffez-bien toute votre imprudence. Votre Mari cherche à vous cacher l'outrage qu'il vous fait, & vous
avez la maladreffe de vouloir l'en con-

vaincre ! Hé ! ne fentez - vous pas que vous arrachez le voile, & qu'il ne fe gênera plus, pour vous offenfer ouvertement ? Ne fondez pas votre amour fur fes careffes, mais fur fa probité : c'eft elle qui fait le charme de l'union conjugale. L'attrait du plaifir le met aux genoux d'une Courtisane : mais quand il revient à vous, c'eft la Compagne de fa vie qu'il cherche & qu'il aime à retrouver. Sa raison vous aime ; ce n'eft que fa paffion qui le precipite dans les bras de votre Rivale. Mais les paffions font de courte durée ; bientôt la fatiété les fuit : un inftant les enflâme, un inftant les éteint. Elles font un effet de l'activité de l'âme ; on peut les diriger vers des objets differens ; employez-y une louable adreffe.

» A-moins qu'un Homme ne foit entièrement diffolu, il ne conferve pas un long attachement pour une Femme meprisable. Bientôt il renonce à de coupables plaifirs, qui coûtent toujours bien chèr. Votre Mari ne tardera pas à fentir qu'il fe nuit à lui-même, qu'il fe ruine, qu'il rifque fa reputation. Il a trop de jugement pour f'obftiner à fa perte. Il reconnaîtra fes torts & fes dangers ; les droits de fon Epouse le rappeleront vers elle : alors il faura vous apprecier, il ne pourra supporter la honte de sa conduite passée, vous le trouverez repentant & digne de votre amour.

» Mais surtout, ma chère Nicostrate, laissez aux Courtisanes un art qui leur convient (*). La modestie, la fidelité, le soin de sa Famille, sa tendresse pour ses Enfans, ses égards pour les Amis de son Epoux ; voila tout le manége d'une Femme honnête.

» Elle doit rougir de manifester sa jalousie contre une Courtisane. Il est une émulation plus noble & seule digne d'elle; qu'elle combatte de vertu avec les Femmes les plus vertueuses. Ne conservez-pas un funeste ressentiment ; montrez-vous toujours prête à la reconciliation. Songez que les bonnes-mœurs nous concilient la bienveuillance-même de nos Ennemis : elles - seules nous honorent ; seules elles nous rendent plus-fortes même que nos Epoux, & nous donnent

_____

(*) La sevère *Theano* entend-elle par cet art, celui que M. *De-Moissi* recommande aux Epouses dans sa *Nouvelle-Ecole des Femmes ?* Non, non ! elle est loin de ces idées superficielles ! Ce n'est pas en disputant le talent de la danse à une Danseuse, qu'une Femme ramènera son Mari ; c'est par la solidité, la propreté, le goût; elle n'a besoin que de cela : très-souvent les talens nuisent plûs qu'ils ne servent.

fur eux un afcendant invincible. Choifif-
fez des deux partis : ou forcez votre
Epoux à vous reverer ; ou confentez à
fervir humblement votre Maître.

» Il vous refte un moyen de lui reprocher fa conduite ; & ce moyen, c’eft
votre vertu. C’eft par elle que vous
le ferez rougir ; c’eft par elle que vous
devez le preffer d’obtenir de vous fon
pardon. Il vous en aimera davantage,
quand il fentira toute fon injuftice,
combien vous meritiez-peu de l’éprou-
ver, & combien était grande la perte qu’il rifquait de faire lui-même, en
renonçant à votre tendreffe ! C’eft
après la maladie, qu’on fent mieux tout
le prix de la fanté : de-même, les
differends des Gens qui f’aiment, repandent le charme le plus doux fur leur
reconciliation.

» Ne voulez-vous-pas m’écouter ? hé-
bien ! livrez-vous-donc à l’impetuofité
de votre jalousie. L’efprit de votre
Mari eft malade ; montrez que le vôtre
n’eft pas plus fain ; il rifque fa reputation ;
perdez la vôtre : il neglige fa fortune ;
aidez à la renverfer : puniffez-vous en
croyant le punir. Ou-bien abandonnez-
le, faites divorce ; jetez-vous dans les bras
d’un autre Epoux, qui vous fera de-même
infidèle. Non, ma chère Nicoftrate, ne

vous livrez-pas à ces excès : diffimulez les peines de votre cœur, fouffrez - les avec patience ; c'eft le moyen de les voir plutôt finir ».

Rien de plus fimple & de plus fage que les confeils de Theano. Il eft à fouhaiter qu'ils foient medités par le grand nombre des Femmes qui croient avoir à fe plaindre de leur Mari : peut-être même par les Maris qui croient avoir à fe plaindre de leurs Femmes ; car, à toutbien examiner, les confeils font à-peu-près les mêmes pour les Unes & les Autres.

Berthe reflechit, en achevant de lire : — De tout temps les Femmes raisonnables ont penfé de la forte : J'ai donc tort-! La reflexion calme l'efferuefcence des paffions ; c'eft un arrêt de l'âme , qui fufpend fon activité exterieure, raffemble fes forces, & foumet les fens à la raison , lors même qu'elle n'a pas fon entier effet : mais avec un fens jufte , la reflexion eft toujours efficace ; elle produit la philofophie. Ce fut cette dernière qui ouvrit le cœur de Berthe à la religion : Elle fe jetta dans le fein de l'Etre-fuprême , par cette prière , que l'on tient d'elle-même : » Source de mon exif-tance & de tout ce qui eft ! Père

» commun de toutes les Creatures, voyez
» l'excès de ma peine ! mon âme s'élance
» vers vous, pour y reprendre de nouvelles
» forces, comme dans la source de la vie!
» Je suis pleinement convaincue, que la
» force avec laquelle mon âme tend vers
» son Dieu, & se confond en lui, doit
» m'attirerce que je demande, comme l'as-
» piration de mon souffle attire dans mon
» palais la liqueur rasiaîchissante qui doit
» me desalterer ! fortifiez moi contre le
» poison qui me brûle le sein ! detrui-
» sez-en-moi cet excès d'amour-propre,
» l'un de vos dons, mais qui a des suites
» si funestes ; quand il n'est pas règlé!
» rendez-moi la paix !.... » Berthe prononçait tout-haut cette prière : Une voix
l'interrompit : —Tu n'as qu'un moyen
de ne plus souffrir : tu as-perdu ton bonheur, en-songeant trop à toi; prouve à ton
Mari que tu ne songes qu'à son bonheur :
Les contraires se guerissent par les contraires. —O! Quî que tu sois ! s'écria Berthe, qui me donnes ce conseil, daigne te
montrer, & guide-moi ! —Je me mon-
trerai, quand tu auras commencé de m'o-
beir-. Berthe se conforma aux ordres de
la Voix : Elle eut encore de la jalousie,
mais elle n'en montra plus : Elle parut
aler audevant de tout ce qui fesait plaisir
à son Mari. Aubout de trois mois ,

comme elle priait encore, la Voix lui repondit : —Je vais paraître-. Berthe
treſſaillit......

Ce fut ſon Mari qui ſe preſenta. —Tu
es corrigée, lui dit-il, & tu me corriges ;
tu es redevenue aimable, & je t'aime de
nouveau : mais benis le ſort! tu es la ſeule
Femme-jalouse qui ait gueri de la jalousie, & la ſeule Epouse bannie du cœur
de ſon Mari qui y ſoit entrée-.

☞ La jalousie dans la Femme, eſt contre nature : naturellement, c'eſt au
Mâle ſeul qu'il convient d'être jaloux : La jalousie, dans les Femmes, eſt contre la pudeur, contre
la decence : Loin de les rendre aimables, elle les fait paraître autant
haïſſables, qu'effrontées : C'eſt qu'elle
les fait ſortir du rôle de Femmes. Dans
nos mœurs, la jalousie des Femmes
paraît naturelle : Mais c'eſt un men-
ſonge de nos mœurs, qui en pro-
duisent bien d'autres !

Sujet de la Figure *du Seizième Exemple.*

Charlote, obſervée par ſon Mari, tremblante,
& n'osant prendre ſur ſa table une Lettre qui
lui était adreſſée :

»O ! mon Ami! que ne puis-je connaître &
» prevenir toutes vos peines»!

XVI Exemple :

La Femme - parfaite.

Pour donner une definition claire, de ce que j'entens par la Femme-parfaite, je dirai, que c'eſt la Femme qui reünit les qualités de toutes les Bonnes-épouſes precedentes, & qui a ſu changer en vertus les defauts-même de la plupart des Autres. Comme *la Femme - inſenſible*, elle eſt impaſſible, mais avec raison, & par philosophie : Elle eſt prudente, comme *la Femmé entendue* : Elle a la dignité de la *Femme-imperieuse* ; la piété, la douceur de la *Femme-devote* ; comme la *Femme-eſprit-fort*, elle eſt ſuperieure à toute ſuperſtition, &c.

La veuve d'un Militaire mort, ſimple Lieutenant, avait ſix Filles, dont l'aînée, plus âgée de trois ans que la Seconde, était le ſoutien de ſa Mère. La Jeune *Charlote De-Scranſſe*, avait dix-huit-ans, lorſque ſa Famille perdit ſon Chef, & la plus jeune de ſes Sœurs était au berceau. Toute la fortune de la maison conſiſtait

dans une ferme, qui rapportait environ deux-mille-francs, par an, toutes les charges prelevées. Il falait que la Veuve, avec six Enfans, vecût de la plus grande économie! A-la-verité ſes Filles ſ'occupaient d'un travail utile, ſurtout Charlote : mais les frequentes maladies de la Mère abſorbaient ce petit gain & audelà. Enfin la Veuve mourut, & l'Aînée ſe vit ſeule chargée de ſes Sœurs.

Charlote avait alors vingt-deux ans : Elle ſe conduiſit avec tant de tendreſſe & de prudence, qu'elle était un Objet d'admiration pour tout le Voiſinage. Cette bonne reputation, & le plaiſir qu'on trouvait à bien-parler d'elle, firent une vive impreſſion ſur un Homme riche, qui juſqu'à ce moment, avait trop-peu eſtimé les Femmes, pour oſer confier à une Epouſe le ſoin de ſon bonheur.

M. *De-Matras*, frappé des éloges qu'il entendait faire journellement de m.ˡˡᵉ De-Scranſſe, l'examina par lui-même, & le reſultat fut, que ſon merite lui parut audeſſus de la renommée. Cependant il reflechit encore longtemps ! Il voulait voir ſi la Jeune-perſonne ne ſe dementirait pas ; ſi quelqu'amourette inconſiderée ne derangerait pas tout le ſyſtème de ſa conduite. Il ala plus loin; comme il ſe defiait exceſſivement des Femmes, il mit en avant un beau Jeune-homme sans état ; bien resolu, si Charlote surmontait cette epreuve, de se presenter, & de lui offrir sa personne & sa fortune. Le Jeune-homme que M. De-Matras employait, était son obligé ; il ne le mit pas du secret ; Charlote était charmante ; il parut suffisant à M. De-Matras de lui donner occasion de la voir. Le Jeune-homme la vit donc, & ne resta pas indifferent : Il le fit même connaître assés vîte. Charlote voyant un beau Garson, plus jeune qu'elle d'une année ou deux, n'hesita pas à le refuser ; elle lui fit dire, qu'elle n'était pas un parti pour lûi, ni lui un parti pour elle ; que sa jeunesse & sa figure l'éloignaient plutôt qu'elles ne la charmaient ; attendu que si, dans sa position, elle se determinait au mariage, ce ne pourrait être que par les qualités les plus solides. Le Jeune-homme insista ; mais ce fut sans succès : Charlote declara qu'elle avait promis, à sa Mère mourante, de prendre soin de ses Sœurs, & qu'elle refuserait tout mariage qui mettrait obstacle à l'execution de cette promesse.

Ce fut alors que M. De-Matras parut. Charlote lui fit les mêmes objections. —Ces raisons ne valent plus rien avec moi, qui vous offre ma fortune, pour vous

aider à élever vos Sœurs : elles font toutes
très-aimables ; & fi par un malheur auquel
je ne m'attens pas, nous demeurions
fans Enfans , je les adopterais : mais dans
l'un & l'autre de ces cas, je vous protefte
que je les ferai foigneufement élever , &
que je leur procurerai un établiffement
convenable-. Charlote tranquilisée par-
là, ne refufa plus, comme auparavant :
C'eft qu'elle n'avait pas d'éloignement
pour le mariage en-lui-même ; elle voulait plûtôt favoir , fi M. De-Matras ferait le protecteur de fes Sœurs , que fi
perfonnellement il lui convenait. Elle confulta fes Amies ; elle examina par elle-
même ; elle trouva toujours un Homme
franc, droit, uni. Un-jour qu'il la preffait
de lui donner une reponfe fatiffefante ,
elle lui repondit. –Je voulais vous eftimer
avant que de vous la faire ; je vous eftime
aujourdhui-. Elle n'en dit pas davantage ,
& fut parfaitement entendue. M. De-
Matras, qui appreciait la modefte reserve
ce qu'elle vaut, ne f'amusa point à vouloir
arracher un aveu decisif, qui ôte toujours
quelque-chose à la pudeur d'une Jeune-perfonne ; il fe crut certain, & fit les difpositions pour fon mariage. Charlote fe laiffa
conduire à l'autel , par l'Homme qu'elle
honorait , & elle eut la fatiffaction de voir
qu'elle ne f'était pas trompée dans le jugement qu'elle avait porté de lui.

M. De-Matras était un honnête-homme égal & froid ; ce qui ne veut nullement dire qu'il n'eût pas ſes humeurs comme Un-autre ; mais il était content, où mecontent avec reflexion. Il était rigide obſervateur du ceremonial & des moindres convenances ; ce qui le rendait quelque-fois pointilleus. Il tint exactement ſa parole, au ſujet des Sœurs de ſon Epouse ; il parut les aimer beaucoup, & il prevenait tous leurs besoins. La reconnaiſſante Charlote étudia le caractère de cet Homme, qu'elle regardait comme ſon Bienfaiteur, & ſe promit à elle-même de le rendre heureux.

Ce n'était pas une chose auſſi facile qu'on l'aurait cru ! avec ces Caractères attentifs, raisonnables, & ſtricts à l'excès, qui jamais ne ſ'emportent, jamais n'ont de faibleſſe dont une Epouse puiſſe tirer parti, c'eſt la perfection même qu'il faudrait : Charlote ignorait la manière de ſ'y prendre ; maisſes heureuses diſpositions, l'eſpèce d'éducation qu'elle avait reçue, lui donnèrent une ſorte d'inſtinct, qui la conduisit, comme ſi elle l'avait ſue. Voici le plan de conduite qu'elle ſe traça.

» I , Je ferai attention ſur ma perſonne, pour ne jamais être ſurprise à manquer de ce qu'il faut pour plaire à mon Mari, & plus encore à ne pas avoir ce qui lui

deplaît. 2, Dans ma conduite, je prendrai bien-garde à ne rien faire & à ne
rien omettre, qui puiſſe bleſſer l'exactitude de ſa raiſon ; c'eſt un ſoin qui m'occu-
pera toujours agreablement, parceque le
ſuccès m'en-paiera au centuple. 3, Mon
Mari n'eſt pas un Homme avec lequel on
puiſſe avoir la moindre humeur, ſans danger de tout perdre ; on encourrait ſon mepris, & il ſerait preſqu'impoſſible de l'en-
faire revenir : Je ſerai toujours égale ; ou
ſi je me permets quelques épanchemens
de tendreſſe avec mes Sœurs, ils auront
la gravité qui convient, non à Charlote
De-Scranſſe, mais à Mad. De-Matras. 4,
Dans les remercîmens que je ferai à mon
Mari, de ce qu'il fait pour mes Sœurs, je
contraindrai l'attendriſſement de ma reconnaiſſance : je pourrais l'attendrir auſſi ;
mais cela n'arriverait qu'une-fois ; il ſe
defierait enſuite de moi, & affecterait plûs
d'impaſſibilité. 5, Dans tout ce que je
ferai pour lui journellement, je cacherai
l'affectation ſoit de l'oſtentation, ſoit du
ſecret ; j'agirai ſimplement, comme feſant
mon devoir : J'ai vu chés Maman une
Femme qui avait perdu le cœur de ſon Mari, en vantant trop ce qu'elle feſait pour
lui, quoiqu'elle parût le faire de bon cœur.
6, Je règlerai ma gaîté, ma gravité ;
mon air ſera gai ou triſte, ſuivant les diſpo-

sitions de mon Mari, mais sans aucune affectation.   7, S'il est gai à table, je le serai, sans jamais faire remarquer ni à lui, ni à d'Autres qu'il est plus gai qu'à l'ordinaire. 8, Lorsqu'il s'agira de partager ses peines, je tâcherai de le faire noblement, & non en femmelette : si j'entreprenais jamais de le consoler, il faudrait bien prendre-garde à blesser la dignité maritale, en paraissant lui presenter des motifs de consolation qu'il ne connaissait pas ; à-moins que ces motifs ne viennent de mes sentimens pour lui, ou de quelque ressource qui m'est particulière.   9, Si j'ai des Enfans, leur Père en sera le maître absolu ; tous mes principes d'éducation seront sacrifiés aux siens, quels qu'ils soient, parce-qu'en cette matière, l'unanimité est la première qualité de l'institution.   10, Je ne crois pas que jamais mon Mari me porte à la dissipation, ou du-moins ce serait momentanément : dans ce cas, je ne me dissiperais que dans l'instant où cela lui ferait plaisir, & je me recueillerais aussitôt après ; je crois que c'est un excellent moyen de conserver l'estime de son Mari.   11, Si un Epoux a peu de religion, il ne faut pas que la Femme en soit moins pieuse ; mais elle doit alors s'observer avec un soin extrême, pour rendre aimable sa piété, respectable, grande,

touchante, abfolument puisée dans l'é-
criture - fainte, & non dans des livres
afcetiques des Moines, auffi faux, que ridicules: je ne condamne point les pratiques minucieuses, mais elles me feraient
très-nuifibles dans ma position. 12, Avec
les Maris comme le mien, il faut une vertu que j'aime beaucoup, c'eft l'économie, ou l'ordre: fi j'y manquais, feulement en apparence, la plaie que je ferais au cœur de mon Epoux, ferait incu-
rable.   13, Je ne dis rien de la chafteté;
c'eft le plus facré de mes devoirs ; j'ef-
père que jamais l'apparence la plus legère ne fe trouvera contre moi ».

Après avoir écrit ce plan, Charlote le
laiffa fur fa table, afin que fon Mari le lût.
Elle voulait qu'il lui en dît fon avis, fans
qu'elle le lui demandât : dans le cas où il
garderait le filence, elle fuppofait que c'é-
tait une marque qu'il l'approuvait.   Enfin dans les deux cas, elle le faurait inf-
truit, & f'en attacherait davantage à
fuivre fon plan avec exactitude.   M.
De - Matras ne vit l'écrit qu'aubout de
huit-jours, quoiqu'il eût toujours été
fur la table de fon Epoufe: Il le lut,
le relut; reflechit, & le relut encore :
Enfuite, il le remit fur la table, & rentra chés lui.   Une heure après, il revint
dans la chambre de fon Epoufe, & relut

ſon plan une quatrième fois.   Il le remit, & ſe retira.   Il ne .dit mot, lorſqu'il la vit; mais elle ſ'aperçut qu'il l'obſervait : Elle ſe comporta exactement comme ſon écrit l'avait règlé.

Deux années ſ'écoulèrent, ſans qu'elle ſe dementît par la moindre échappée à ſes propres règles.   Un grand avantage était reſulté du parti ſage qu'elle avait pris de les mettre à-portée d'etre vues de ſon Mari, c'eſt que lui-meme l'était obſervé; en voyant les efforts de ſa Femme pour lui plaire, il ſ'était complu à les faire reüſſir, pour l'encourager & la payer de ſa bonne-volonté ; ç'avait été pour lui un plaiſir très-vif, & le plus conforme de tous à ſon amour de l'ordre.   Mais à cette époque, un Homme auſſi raiſonnable, auſſi ſenſé changea preſqu'abſolument.   Quelle en fut la cauſe ?   On le ſaura bien-tôt.

Mad. De-Matras avait une piété tendre ; elle rempliſſait les devoirs de la religion avec ardeur, mais aux inſtans où ſon abſence de ſa maiſon pour la meſſe journalière ne pouvait nuire au bon-ordre, ni deplaire à ſon Mari: pendant longtemps, elle ala regulièrement à une meſſe-baſſe de onze heures, celebrée par un Prêtre fort recueilli.   M. De-Matras obſerva cette habitude de ſa Femme, & n'en dit mot. Aubout de plusieurs années, Charlote ala fur les neuf-heures à l'église, au-lieu de onze : Son Mari l'obferva encore, & il remarqua, non fans quelque peine, que c'était le même Prêtre qui disait autrefois fa meffe à onze-heures. Malheureusement il était encore affés jeune, & d'une jolie figure : Voila M. De-Matras perfuadé que fa Femme a une inclination fecrette pour ce Miniftre de l'autel : Il fe dit à lui-même, qu'elle était reprimée ; mais dans une Femme comme la fienne, il ne put fupporter l'apparence de la faibleffe. Il prit de la jalousie, & dans un Homme comme lui, elle devint une aigreur habituelle. Il ne parlait plus qu'avec chagrin, d'un ton fec & laconique. Son Epouse était loin de pouvoir deviner ce qui lui occasionnait ce traitement fingulier, & non prevu : mais elle ne perdit ni fa douceur naturelle, ni la ferenité ; elle fe fentait innocente ; elle efpera que la verité fe ferait jour : elle ne demanda pas, quels étaient fes torts, depeur que ce ne fût irriter fon Mari, ou que la cause ne fût étrangère à elle ; mais redoublant d'attention à fes devoirs, fa conduite fut plus parfaite que jamais. Elle obfervait fans affectation, toutes les demarches de fon Mari, pour tâcher de lire dans fa penfée, & de fe conformer à fes desirs.

Elle fut lontemps fans rien decouvrir : Enfin un-jour qu'il était forti, elle entra dans fa chambre, & vit une Lettre ouverte. Elle n'ofa pas la lire, depeur de commettre une indifcretion. Elle la retourna cependant, & vit fon adreffe à elle-même. Surprise, elle penfa que quelqu'Indifcret lui avait écrit une Lettre d'amour : elle ne douta pas que çe ne fût le fujet de l'humeur de fon Mari ; elle crut neceffaire de lire, pour le tranquiliser enfuite, —O mon Ami ! disait elle, que ne puis-je deviner & prevenir toutes vos peines -! Elle prit la Lettre en tremblant. C'était l'écriture de fon Mari. C'eft qu'il l'aura copiée ! (penfa-t-elle). Elle lut. C'était de fon Mari lui-même :

Je vous avais regardée comme parfaite ; jufqu'au moment, où j'ai decouvert en vous la faibleffe la plus revoltante à mon fens, puifqu'elle empoisonne une de vos vertus, la piété. Il ne faut pas voir la Divinité à-travers de l'Homme, mais fubordonner le Miniftre au Dieu qu'il fert. [Que veut-il dire? (penfa Charlote) : mais voyons : & continuons à lire.] *Vous aliez autrefois à la meffe à onze-heures, parcequ'un certain Prêtre la disait, je vois qu'aujourdhui vous avez changé d'heure, parce-qu'il en a changé.* [Mon Mari a raison ! (dit tout-haut Charlote) ; je pourrais,

fans m'en être aperçue, avoir eu le motif de fuivre ce jeune Prêtre : je me
corrigerai.] *Dans une autre Femme, cette*
faibleffe ferait ordinaire ; dans vous, elle
eft un desordre, que je ne faurais fup-
porter. [Hâ! fi je l'avais fu plutôt! (f'é-
cria Charlote), en regardant la date
de la Lettre, qui avait trois mois].

Son Mari, qui l'avait entendue, fit
exprès du bruit : Charlote rentra chés
elle, & règla fa conduite fur ce qu'elle
avait lu. L'humeur de M. De-Matras
changea auffitôt, & devint telle qu'elle
avait été auparavant. Son Epouse connut par-là qu'elle avait decouvert la cause
de fon mecontentement. Redevenue
heureuse, elle prit le parti d'écrire à fon
tour un billet, que fon Mari pourrait voir:
Il était adreffé à fa Sœur-puînée, que M.
De-Matras venait de marier avantageu-
sement, quoique fa Femme lui eût donné
un Fils.

Ma très-chère Sœur : Je ne te fouhaite
en mariage qu'un bonheur comme le mien.
Il eft cependant quelquefois éclipfé par
des nuages ; mais nous ne fommes pas ici
dans le ciel, où le bonheur fera parfait :
Tout ce que je desirerais, c'eft que mon
chèr Mari me fît connaître les fujets de me-
contentement qu'il peut avoir, dès qu'il
les a : j'employerais tout mon favoir à les

faire cesser, & j'y reüssirais, parce-que je le voudrais sincèrement. Il t'aime beaucoup, & tu pourrais me servir auprès de lui; je l'attens de ton amitié de Sœur. Mais il faut que ce soit avec bien de la prudence ! Personne au monde n'est aussi delicat sur les convenances, que M. De-Matras, &c.

Voila quelle fut la Lettre que Charlote tâcha de faire tomber entre les mains de son Mari, sans qu'elle alât dans celles de sa Sœur. Elle exprima ce vœu au bas, en mettant, *Brouillon de la Lettre, qu'il n'est pas à-propos qui soit envoyée à ma Sœur Caroline.* M. De-Matras continua de vivre comme il avait fait: Il avait alors une confiance entière dans son Epouse; il l'adorait, & n'en fesait pas semblant: mais pour qu'elle connût à quel point il la cherissait, il lui laissa un jour un Livre, où elle lut l'histoire que voici : (*Voyez ce Morceau dans le* Nouvel-Abeillard, *Tom.* I, *pag* 243 & *suiv. il est intitulé*, La Philosophie des Maris).

—Si c'est ainsi que vous voulez être aimé, pensa Charlote en finissant, vous le ferez; que dis-je! vous l'êtes : Je n'ai mis qu'en vous seul mon bonheur & mes plaisirs : Hé ! où pourrais-je les placer mieux-!

Mad. De-Matras fut auſſi bonne mère, qu'elle était bonnefille & ſœur attachée : ſon Fils reçut d'elle les premiers principes : elle le penetra ſurtout de reſpeҿ pour ſon Père. Quand il eut ſept ans, elle le lui remit : —Je ne dois plus que veiller ſur le physique (dit-elle à ſon Mari) ; le moral vous regarde : c'eſt un Homme qui ſeul peut former un Homme-. Elle avait une Fille plus jeune de deux ans ; & elle l'éleva juſqu'à ſon mariage : —C'eſt à la Femme (disait-elle), à former une Femme. Elle fit toujours tout qu'elle devait faire ; elle n'ala jamais audelà : c'eſt ce qui conſtitue la Femme parfaite.

☞ Aimer ſon Mari, comme on ſait qu'il veut l'être, en rempliſſant dailleurs tous ſes devoirs, c'eſt le ſecret immanquable d'être *la Femme-parfaite.*

Sujet de la Figure du *Dixſept. Exemple :*

La belle Veuve ayant un Petitmaitre à ſes genoux, tandis que ſon veritable Amant arrive du dehors : Il ſ'arrête interdit, en voyant le Petitmaître :

»Grand Dieu! eſt-ce-là Celui qui doit l'engager à ſe remarier »!

XVII Exemple:
La Femme - veuve.

Une *Femme-veuve* est-elle estimable de se remarier ? —En general, on peut dire que Oui : mais cependant, il est des cas où la Femme fait bien de rester dans la viduité ; Par exemple, quand elle a beaucoup d'Enfans, ou lorsque n'en-ayant qu'un ou deux, elle porte un nom respectable & cheri ; lorsqu'elle a passé trentecinq-ans, &c. Car il est encore quelques autres cas, où une Veuve ne doit pas changer d'état. Mais lorsqu'une Veuve est jeune & sans Enfans ; ou lors-qu'ayant des Enfans, il se presente un Honnête-homme, qui leur servira de pè-re ; lorsqu'ayant un Fils ou une Fille, elle épouse le Père du Futur, ou de la Pro-mise de sa Fille ou de son Fils, dans tous ces cas, une Femme-veuve remplit un devoir, en se remariant.

Dans une maison de la rue *des Fossés-Saint-Victor*, était une Femme char-mante, épouse d'un Avocat. Un Hom-me-de-lettres distingué vint demeurer dans cette maison : Il vit Mad. *Femorin,*
&

& la trouva, ce qu'il aurait falu à fon cœur : mais elle était mariée, il était marié lui-même : il fe contenta d'engager fon Epouse à faire connaiffance avec cette Dame. Il eut bientôt le plaisir de les voir amies, & de fe trouver quelquefois en tièrs dans leur intimité. Deux années f'écoulèrent de la forte, après lefquelles M. Femorin laiffa veuve une grande & belle Blonde, que *Dulis* aurait adorée, f'il avait eu quelqu'efperance. En qualité d'amis, M. & Mad. Dulis employèrent tous leurs foins à confoler la belle Veuve; ce qui ne fut pas abfolument difficile; jamais M. Femorin n'avait été trop aimé. Il reftait une Fille à la Jolie-veuve : M. Dulis avait un Fils plûs âgé de quelques-années : en caufant avec Mad. Femorin, il lui difait quelquefois, —Je crois que je ferais le plûs heureux des Hommes, fi j'étais affuré, qu'un-jour mon Fils époufera votre Fille, & qu'il la rendra heureuse ; qu'ils f'aimeront, en-un-mot, comme j'aimerais..... (Il f'arrêta ; il était marié; mais il penfait, *comme j'aimerais la Mère de la petite Adelaïde*). —Cette idée ne me deplaît pas (repondit Mad. Femorin), & nous pouvons nous en occuper-. —Oui ! mais belle comme vous l'êtes, vous n'aurez qu'à vous remarier ? car vous ferez recherchée ? —Je vous promets de rester veuve. —Hâ! Madame! (s'écria involontairement Dulis) quel bonheur! & que cette resolution me charme-! Il vit bien qu'il en avait trop dit; il continua, —Car votre société est si douce, si aimable; nous y sommes si bien accoutumés, ma Femme & moi, que nous serions au desespoir de la perdre! Et cela ne manquerait pas d'arriver, si vous vous remariiez: On vous ôterait d'avec nous; nous ne vous aurions plus-! Et il avait presque les larmes aux yeux. Mad. Femorin, sans y faire attention, était fort touchée de tout cela; elle promit d'un son de voix un-peu alteré, qu'elle ne se remarierait jamais.

Peu de temps après, Mad. Dulis tomba malade. Ce n'était qu'une legère indisposition; son Mari avait un voyage de quelques-jours à faire, & il ne crut pas devoir le retarder. A son retour, il se trouva veuf. Il en fut très-surpris! Après avoir fait chés lui les arrangemens necessaires, il descendit chés Mad. Femorin, tout en larmes. Il la trouva dans la même situation: elle pleurait son Amie, qu'elle avait vu mourir. Frappée de la douleur de son Voisin, elle ne reflechit pas qu'elle était jeune & belle; qu'il était jeune, aimable; elle ne vit qu'un Affligé; elle courut l'embrasser; elle le fit asseoir, &

lui dit, qu'il ne fortirait pas de la pièce où il était, que tout ne fût terminé. Ils f'affligèrent enfemble : Mad. Femorin, naturellement bonne, quoique fpirituelle, & qui aimait Dulis plûs qu'elle ne penfait, fut la première à lui dire : —Il faudra toujours refter veufs, pour ne pas nous quitter, & lorfque nos Enfans feront en âge, nous les marierons-. Dulis lui baifa la main, & ne repondit que par-là. Il demeura chés la belle Veuve, jufqu'après les funerailles de fa Femme, confolé par elle, mangeant avec elle-feule & fa Fille. Il remonta enfuite dans fon logement.....

La conduite de Mad. Femorin avait renouvelé fon amour avec une force inexprimable ; il l'adorait : mais la decence l'empêchait de lui parler de fes fentimens pendant fon deuil : Il la voyait tous les jours ; c'était un befoin pour lui : La jeune Veuve ne fe fefait pas le moindre fcrupule de fa familiarité ; fouvent elle lui parlait du mariage de leurs Enfans, avec une franchife, une innocence qui marquaient, que fes idées n'alaient pas audelà d'une tendre amitié. Si elle prenait le plaifir du fpectacle, c'était avec Dulis; il lui donnait la main à la promenade ; leur maifon paraiffait la même; il dînait tous les jours avec elle; il fesait les frais du fouper ; car la jeune Veuve ne montait plus

chés lui, depuis qu'il était veuf. Malgré cette intimité, Dulis au-bout de huit
mois, n'avait pas encore dit un mot d'a-
mour ; il craignait de paraître trop-tôt
confolé de fa Femme, & de fe nuire par-
là dans l'efprit de mad. Femorin.

Tandis qu'il obfervait cette reserve,
un beau Jeune-homme, qui venait chés
m. Femorin, de fon vivant, fut excité
par fes Parens, riches & avares, à fonger à
la belle Veuve. C'était un Fat, qui penfa qu'il n'avait qu'à fe montrer pour être
adoré. Il vint chés mad. Femorin, lui
fit des complimens, lui dit des douceurs:
elle le reçut d'un air enjoué ; elle avait l'â-
me contente : il crut que c'était de plaisir
de le voir ; il f'enhardit à lui dire, qu'il
connaiffait un Homme, qu'elle connaiffait
auffi, qui avait grande envie de la tirer
de fon veuvage. —C'eft une belle âme !
(repondit en riant la belle Femorin),
de fonger ainfi à la confolation des Affli-
gés ! —C'eft un Homme que vous
ne haïffez pas, madame-. Il vint alors en
idée à la belle Veuve, que c'était m. Dulis
qui la fesait preffentir : elle trouva cette
conduite fingulière ; mais elle lui fut
gré de fa timidité, de n'oser f'expliquer
lui - méme : Ce qui augmenait fon
erreur, c'eft que l'heure était celle où
il venait, & qu'il ne paraiffait pas !.....

En-conſequence de cette idée, elle repondit en riant : —Que je ne hais pas ?...
Mais je ne hais Perſonne que je ſache :
Cela eſt bien vague ! —C’eſt un Homme
que vous voyez avec plaiſir. (Elle ſe
crut ſûre). —Ceci eſt plûs clair : je
connais peu de ces Hommes-là, & je
n’aurai pas à chercher dans un grand
nombre. —Vous devinez? —A-peu-
près. —Que doit-il eſperer? madame ?
—Mais, tout de mon amitié. Je tâcherai
cependant de le diſſuader du mariage.
Il me ſemble qu’autrefois il n’y était pas
porté. (Le Petitmaître, avant que
Mad. Femorin fût veuve, avait un-jour
parlé fortement, devant elle, contre le
mariage ; mais elle avait oublié cette
converſation). —Il a changé d’avis,
madame, depuis qu’il peut eſperer de
vous y engager : Vous êtes abſolument
neceſſaire à ſon bonheur, & vous l’aimerez, ſi vous ne l’aimez deja. —On doit
faire beaucoup pour ſes Amis-! A ce mot,
le Petitmaître ſe mit aux genoux de mad.
Femorin. —Dites pour le plûs tendre
des Amans: Je vous adore, & ma Famille
desire notre union-. La Jeune-Veuve
fut étourdie de la decouverte qu’elle
fesait; elle continua de plaisanter, &
fit relever le Jeune *Laquitte*.

Mais M. Dulis, qui entrait en-ce-moment, l’avait aperçu aux genoux de ſa

belle Voisine : Cette vision lui parut fort-étrange ! —Grand Dieu ! pensa-t-il, est-ce-là Celui qui doit l'engager à se re-marier-! Il entra tout interdit. L'air avantageux du Petitmaître n'était pas propre à le rassurer : Celui de mad. Femorin elle-même l'inquiéta ; elle craignait de laisser paraître ses sentimens devant un Fat, qui les divulguerait : La quitte demeurait-là ; m. Dulis ne voulait pas lui ceder la place : L'heure du dîner arriva ; le Petitmaître voulait rester ; mais n'étant pas invité, malgré ses efforts pour amener le mot, il fut obligé de se retirer : M. Dulis sortit avec lui, & en-cela il devina les intentions de sa belle-Voisine. Lorsque le Fat fut bien-parti, l'Ami ordinaire rentra chés mad. Femorin.

—L'avez-vous-vu en entrant ? lui dit-elle. —Oui, madame. —Il était à mes genoux. —Je crois l'y avoir-vu. —Il y était bien surement ! Il me demandait en mariage ! —Hâ ! madame ! —Il m'assurait que sa Famille me desire. —Cela vous tente-t-il ? —Non ; mais une fausse idée m'a fait lui repondre singulière-ment, & il s'est mis à mes genoux pour me remercier. —Ne tenez-vous plus à nos resolutions ? —Plûsque jamais. —Hâ ! mon Amie ! (ce mot lui échap-pa), vous me rassurez ! —Je ne ferai

jamais rien qui puiffe vous inquiéter :   Je
veux refter veuve ; c'eft un deffein arrêté.
—Je vous jure, madame, que j'ai formé
la même resolution ...... à-moins que......
—Vous auriez une exception ?   —Oui,
& je crois qu'elle ne dement pas mes projets !   —Quelle eft-elle donc ?   —Je
voulais dire , A-moins, que .... vous ne
confentîffiez à vous remarier ?   —Hâ !
jamais !   —Reftons donc comme nous
fommes... Mais qui m'affurera qu'un beau
Jeune-homme, bien tendre, n'ébranlera
pas une resolution, de votre part, dont mon
fort depend ? —Fesons un dedit ? —De-
tout mon cœur ! de la moitié de ma fortune ?   —Je le veux (dit mad. Femorin).
—Vous êtes de bonne-foi (reprit Dulis):
Hâ! ma belle Voisine ! il ferait un moyen
plûs fûr de me tranquiliser !   —Quel eft-
il ?   —Je n'ose vous le dire.   —Pourquoi? entre Amis, a-t-on de ces reserves-
là ?   —Vous le voulez abfolument ?
—Mais, oui,   —Uniffons-nous ; nos
Enfans le feront un-jour ; ils n'auront ,
en attendant, qu'une feule maison. –Vous
manquez à nos conventions ! vous m'avez
fait promettre que je ne me remarierais-
pas ! —Oui ; mais j'ignorais alors que votre
mariage vous conferverait à ma tendreffe !
—Laiffez m'y reflechir : nous fommes fi
bons amis ? que vous manque-t-il ?   Je
n'étais pas auffi heureuse avec mon Mari ;

vous n'étiez pas auffi heureus avec votre Femme, j'en fuis fure, que nous le fommes aujourdhui. Pourquoi changer? —Femme charmante, pour vous rendre plûs heureuse encore! Je n'ai jamais aimé que vous; je vous ai adorée fans efpoir: J'étais pourtant dès-lors heureux par vous-feule: Depuis, lorfque plûs de liberté, plûs de familiarité m'ont approché de vous, j'ai été plûs heureux encore: mais j'ai des inquiétudes cruelles! celle d'aujourdhui, par-exemple? Otez-en la fource; uniffons-nous, mais par un lien fecret, connu des feuls Temoins neceffaires: Gardez votre maison, & moi la mienne; que je ne fois pas plûs le maître chés vous qu'à-present: mais que j'aie la precieuse affurance, que nous fommes infeparables; que je vous nomme tout-bas ma Femme: vous conferverez toute la liberté de Veuve, & vous jouirez de toutes les douceurs, de toute l'intimité de l'Hymen! —Ce plan eft très-joli! je verrai cela: en attendant, recevez l'affurance, que fi jamais je fonge au mariage, ce ne fera qu'à cause de vous: Je vous avouerai même une chose, que j'étais loin de vous dire tout-à-l'heure, c'eft que mes reponfes au Jeune Laquitte, n'ont été fingulières, que par l'idée que j'avais, qu'il me parlait de votre part: C'eft vous-feul qui l'avez-mis à mes genoux. —Hâ! ma belle

Amie! que je fuis dedomagé de ce que je viens de fouffrir-!

L'entretien en refta là. Mad. Femorin venait de f'apercevoir combien Dulis était jaloux. Elle en fut charmée : ce qui eft la meilleure preuve qu'elle l'aimait ; toutes ces Femmes, fi furieuses de la jalousie de leur Mari, prouvent par-là, combien il a raison de l'être. La belle Veuve f'étudia foigneusement à lui ôter tous les fujets de jalousie : Elle ne voyait d'Hommes que lui ; elle eut l'art d'éconduire le jeune Laquitte, fans laiffer penetrer fon fecret; elle marquait à Dulis une confiance fans bornes ; mais elle differait le mariage, parce-qu'elle le craignait : Elle ne fe rendit qu'à des raisons importantes, exposées avec candeur.

Le mariage fe fit fecrettement, comme M. Dulis l'avait proposé: Mad. Femorin qui continuait à porter fon premier nom, fe trouva effectivement beaucoup plûs heureuse avec fon Mari, qu'avec fon Amant : elle connut la difference qui fe trouve, entre un Homme qui a pris fa Femme par convenance, par interêt, fans la connaître, fans l'avoir desirée ; & l'Homme qui épouse par amour, par adoration; qui, pendant longtemps, n'a vu dans fon Epouse, qu'une Divinité inacceffible : Il y a des années qu'il eft uni avec elle, qu'il en eſt aimé, cheri, & il ne ſaurait encore ſe perſuader que ſon bonheur eſt une realité : Souvent, il ſuſpend le torrent de delices dont ſon cœur eſt inondé, pour ſe demander à lui-même, : : Mais n'eſt - ce - pas un ſonge ? eſt-il bien vrai que je ſois l'époux de cette adorable Femme ?... La verité lui parle alors, & le torrent de bonheur, ſuſpendu pour quelques-inſtans, reprend ſon cours impetueux avec une double force.

Une choſe fort naturelle, à laquelle ni Mad. Femorin, ni Dulis n'avaient penſé, les embarraſſa beaucoup, aubout de quelques-mois ! Mad. Dulis devint enceinte. Elle le dit en-riant à ſon Mari. —Cacherons-nous ma groſſeſſe, comme notre mariage ? ajouta-t-elle ? —Non, ma chère Femme, repondit ſon Epoux, en la preſſant contre ſon cœur ; il faut tout avouer, & prendre mon nom-. Tandis qu'ils parlaient ainſi, une petite Femme-de-chambre de Mad. Dulis, marquait beaucoup de joie, dans une chambre voiſine. Sa Maîtreſſe l'appela, pour en ſavoir la raiſon ? —C'eſt de ce que vous êtes mariée, Madame : Car vous ne ſauriez croire lès diſcours qu'on feſait dans le voiſinage ! on voulait que je ſorte de chés vous. —Hâ ! Ciel ! (ſ'écria M. Dulis), j'expoſais votre reputation ! Alons, un grand diner pour après-demain ; je veux faire imprimer les billets d'invitation pour nos Voisins & tous nos Amis, qui les recevront dès ce soir. Ma charmante Epouse, pardonne-moi mon imprudence-!

Ce fut ainsi que se termina le secret du mariage. Tout le Voisinage, le soir même, sut que Mad. Femorin était mariée à son Voisin : On les approuva, parcequ'ils étaient également estimés : Ils annoncèrent le projet d'unir leurs Enfans, comme la cause de leur mariage ; mais tout le monde vit bien que c'était l'amour. Ils ont vecu longtemps heureux ; ils le font encore, & leurs Enfans se sont épousés. Mad. Dulis n'a eu de son second mariage, qu'une Fille, destinée par les deux Epoux à un Neveu de M. Femorin, Jeune-homme d'un merite distingué.

☞ La Nature & la decence veulent, qu'une Veuve jeune & jolie rentre dans le mariage.

Representation.

Le Drame suivant est celui dont il est parlé, *I Vol.* pag. 197-198, dans l'*Exemple* intitulé, *La Fille-d'esprit:* Je le place ici, pour qu'il n'y ait rien d'annoncé, dans ces *Exemples* qui ne soit realisé. On aurait pu donner pour sous-titre à la Pièce, *La Mère imperieuse*, & c'est sous ce point de vue qu'il faut l'envisager.

La Fille - naturelle,

drame en cinq actes.

Personnages.

Marianne, la Fille-naturelle.

D'Azinval, marin, bienfaiteur de Marianne.

Mad. *D'Ormond*, femme imperieuse, mère de
D'Azinval.

M. *D'Ormond*, père.

D'Ormond De-Bonne, avocat, frère-aîné.

D'Ormond-D'Orbigni, neveu de D'Azinval,
amoureux de Marianne.

Madem. *D'Osier*, vieille-fille, amie de la Mère
de Marianne.

Un Vieillard, ayeul maternel de Marianne.

Madem. *Rosalie*, compagne de Marianne.

La Maîtresse-de-pension de Marianne & Rosalie.

Une Plaideuse, mère de Rosalie.

Un Valet-de-chambre, un Jockey, & autres Dome-
Une Fille-de-chambre.   [stiques.

Un Poète Chanteur.

Un vieil Officier

Un Homme-de-merite.

Un Feseur d'Airostats.

Un Sourcier.

Deux Paysans.

Un Procureur.

*La scène est dans un sallon de la maison de M.
D'Azinval, destiné à recevoir tout le monde,
pour son commerce d'Amerique.*

Premier Acte.

[*Le sallon est garni de livres & de cartes de geographie: on y voit un globe, un clavessin, une harpe, un pupitre, & de la musique.*]

1 Scène.

D'Azinval, Madem. D'Osier (sous le costume le plûs pauvre.)

Madem. D'Osier Comment pourrais-je moderer l'expression de ma reconnaissance, monsieur; puisque vous ne mettez pas de bornes à vos bienfaits!

D'Azinval. Vous m'interessez par vous-même, & par des motifs que je vous decouvrirai bientôt : Votre situation ne vous permit pas hier, de tout entendre ; mais j'étais instruit. Vous êtes ici pour toujours : Vous gouvernerez ma maison, & si je me marie, vous serez le guide naturel d'une Jeune - épouse, encore sans experience.

Madem. D'Osier. Un emploi de si grande importance, demande que vous me connaissiez-parfaitement. J'ai des secrets, qu'il faut vous reveler : Lorsque vous saurez tout, comme moi-même, alors votre confiance aura une base solide & reflechie.

D'Azinval. Un mot souvent a suffi pour nous faire conhaître : Je sais que vous avez des secrets à me confier : mais prenons un autre moment : Au sortir de table, je serai-prêt à vous donner toute mon attention. Je vous previens que nous ne dînerons pas tête-à-tête ; j'aurai une jeune Convive, que je suis bien-sûr que vous aimerez.... Alez-donc vous habiller : vous savez que la Marchande vous attend. Aussi-bien, voici Quelqu'un, dont l'air embarrassé annonce qu'il veut me parler sans temoin.

11. Scène.

D'Azinval, D'Orbigni.

D'Orbigni. Je suis hors de moi !... Pardon, mon cher Oncle, si je vous aborde avec cette liberté ! Vous étiez peut-être en affaire ?

D'Azinval. Je les finissais : Parle, mon Ami : Puis-je te servir ?

D'Orbigni. Je ne sais : mais dumoins je vous ouvrirai mon cœur.... On dit que mad. D'Ormond, votre mère & mon ayeule, vous causa bien des chagrins ! Elle m'en fait autant. Vous étiez amoureus : Hâ ! si j'osais vous dire ... Elle vous contrariait ; elle me contrarie : Quelle Femme ! comme elle est imperieuse ! Ma Mère, lorsqu'elle vivait, mon Père lui-même tremblaient devant elle; & je ne vois pas que vous foyiez trop afluré, vous-même, mon Oncle, lorfqu'elle prend fon ton d'autorité, quoique votre fortune vous rende independant?

D'Azinval. Independant de ma Mère! Non pas, mon Ami! tu debutes par une erreur. J'aime & je refpecte mad. D'Ormond: Elle m'a rendu malheureux, il eft vrai: mais fes motifs étaient ceux d'une Mère également tendre & vertueufe. Voici la pofition où je me trouvais; tu la compareras à la tienne, & nous verrons en quoi les deux peuvent differer. J'avais ton âge, ta figure, à-peu-près, & ta vivacité, quand je devins amoureus d'une Jeune-fille, fans naiffance, fans fortune, fans honneur; ce n'eft pas qu'elle fût fans mœurs; mais une condamnation infamante tenait fon Père en fuite.... Un mariage fecret, contracté fous des noms fuppofés, nous unit tous-deux: Il fut beni par un Prêtre, mais fans aucune des formalités qui rendent valide un engagement auffi facré. Ma Mère decouvrit, & mon inclination, & les fuites que j'y-avais données. Elle employa les remontrances, & l'autorité maternelles: J'étais trop épris, pour ceder; je refiftai, je m'emportai.... Ma Mère, alors, eut recours à l'Autorité: Elle eut raifon; je ne faurais l'en blâmer: Je fus envoyé en Amerique ; mais avec une fomme à faire valoir :   Le desir de m'enrichir, pour épouser un-jour ma Maîtreffe, me donna une activité, que le fuccès courona : Je fuis revenu riche. Mais (& c'eft le cours ordinaire des choses) un enchaînement de circonftances m'a fait oublier un premier amour, par un fecond. A-la-verité, ma Maîtreffe était morte, lors de mon retour : Je l'ai pleurée long-temps ! mais il n'en eft pas moins vrai, que j'adore aujourdhui une Jeune-perfonne, belle comme l'était ma Maîtreffe, quand je la connus, & je fens trop, qu'elle enleverait mon cœur à la Première, fi elle exiftait encore. Mon Ami, les paffions ne font pas éternelles... Et fais-tu quelle eft Celle qui me captive aujourdhui ?

D'Orbigni. Je ne vous ai-vu remarquer Perfonne !

D'Azinval. Celle que j'aime, eft mon ouvrage : elle me doit tout, l'honneur & la vie ; j'en fuis-cheri comme père, comme bienfaiteur : Ces fentimens me fuffiront dans mon Epouse ; ils font plûs-durables que l'amour ; & fi ce dernier fentiment fe joint aux autres dans fon cœur, ce ne fera que pour les fortifier.

D'Orbigni. Mais comment avez vous trouvé cette Fille ! quî était-elle ? Etes-vous fon tuteur ?

D'Azinval. Le hasard, ou plutôt la Providence me l'a-donnée. Je passais dans la rue *Saint-honoré*, lorsqu'une Petite-fille, assise sur les marches de l'*Oratoire*, se leve precipitamment, court à moi comme je traversais, & me demande l'aumône. Je fus ému : Le son de sa voix ne me parut pas fait pour la misère & la pauvreté. Je tirai ma bourse ; & tout en cherchant ce que j'alais donner, je considerais la Petite-fille. Sa figure était distinguée : Je sentis le desir de prendre soin de cette Enfant : Je lui fis des questions, & ses reponses la conduisirent à me nommer une Femme de ma connaissance. C'était l'Hôtesse qui m'avait loué la chambre garnie, où je voyais mon ancienne Maîtresse. J'avais-conservé de la bonne-volonté pour cette Femme, que je n'avais pas encore retrouvée ; je fus touché, en apprenant qu'elle était tombée dans la misère. Je suivis la Petite-fille ; je reconnus la Femme, qui m'apprit que j'avais-fait l'aumône à une Orfeline absolument abandonnée. Ce fut un titre de plûs, pour me rendre chère cette Enfant. Je la fis habiller ; je la plaçai chés une honnête Maîtresse, qui tient une pension de Jeunes-personnes bien-nées, mais sans fortune, qu'elle forme au travail : Ma Pupile fit des progrès rapides, pendant quelques absences assés

longues, aufquelles mes affaires m'obli-
gèrent. Enforte qu'à la dernière, qui vient
de finir, je l'ai trouvée charmante. Je fuis
riche; je fuis encore jeune, je fuis garfon; le
mariage eft l'état naturel à l'Homme, &
je ne veux m'y-engajer qu'avec une Epouse
qui me doive tout.   J'honore infiniment
ma Mère, elle a d'excellentes qualités:
mais fi je fuis charmé de l'avoir pour mère,
je ne prendrai jamais une Epouse de fon
caractère & de fa condition.   Elle était
trop riche, trop fière, d'une famille trop-au-
deffus de celle de fon Mari, pour ne pas
être imperieuse.   Mon Père, d'un caractère doux, paisible, reconnaiffant pour
une Femme charmante, qui l'avait choisi
entre vingt Rivaux, a porté le joug, fans fe
plaindre; il l'a porté même avec plaisir;
fa belle âme était heureuse du bonheur de
fon Epouse, d'une Bienfaitrice adorée,
qui l'avait preféré, lui fimple clerc, au
plûs riche Notaire de Paris: car les Parens de Mlle *D'Azinval* (je porte leur
nom, comme tu vois), avaient laiffé leur
Fille maîtreffe abfolue de fon choix.   Je
loue la conduite & les difpositions de mon
digne Père; mais je fens que j'ai l'âme
fière de ma Mère, & que je ne fuivrais pas
l'exemple de M. D'Ormond. Je l'ai prouvé
dans un temps, où fans fortune qui me fût
perfonnelle, on me propofa un riche Parti;

je le refusai. Il est vrai que j'aimais deja Celle dont j'ai causé le malheur : mais je crois que j'eusse refusé la riche Heritière, quand mon cœur aurait été parfaitement libre : J'étais glorieus de ma Mère ; j'étais presque honteux de mon Père....... J'ai changé depuis, & j'ai rendu justice à la beauté des motifs de M. D'Ormond. Voila tous mes secrets, mon Ami : Je te les confie, pour t'encourager à me confier les tiens ?

D'Orbigni. Helas ! un seul mot vous les apprendra tous ! Je suis amoureux. Je le suis à l'excès..... Mais ne m'en croyez-pas ; voyez Celle que j'aime : vous connaîtrez alors quelle doit être la force de mon attachement ..... surtout, si vous vous informez de ses mœurs, qu'indique sa modestie : C'est le chef-d'œuvre de la nature, par la beauté, par les sentimens, par la conduite..... Vous êtes amoureus, mon cher Oncle ; vous ferez-indulgent : vous êtes riche ; vous pourrez me favoriser.... Il y-va de ma vie, si je n'obtiens Celle que j'aime... Mais je veux m'en rapporter à vous ; je suis sûr que vous applaudirez à mon choix, ou je connais mal votre cœur..... Dites, quand voulez-vous la voir ?

D'Azinval. Demain ; j'ai trop d'affaires aujourdhui... Je connais l'impatience des

Amans : Pardonne, mon Ami ; mais il m'eſt abſolument impoſſible aujourdhui.

D'Orbigni. Demain donc, mon cher Oncle : Mais ... vous ne me remettrez-pas à un autre jour?

D'Azinval. Je te le promets.... A-propos, pour te diſtraire, il faut que je te preſente à ma Pupile : Reſte à dîner avec nous.

D'Orbigni (*effrayé*) : Hâ-ciel ! Mad. D'Ormond ! (*il s'enfuit*).

III Scène.

D'Azinval, Mad. D'Ormond, M. D'Ormond ; M. De-Bonne : (tous les Domeſtiques de D'Azinval, rangés en haie derrière ſa Mère.)

Mad. D'Ormond (avec dignité):
Mon Fils, votre nouveau logement eſt fort bien ! il repond à votre fortune. J'ai dit que je voulais le voir ; votre Père & votre Frère m'ont accompagnée.

D'Azinval. Je ſuis penetré de l'honneur que vous me faites, ma Mère, mon reſpectable Père, & vous, mon cher De-Bonne.

M. D'Ormond. Ta Mère, mon Ami, s'inquiète de ce qui te regarde, comme ſi tu étais encore un enfant : mais c'eſt par tendreſſe.

D'Azinval. Je le ſais, mon Père : Hâ! puiſſé-je longtemps jouir de ce precieux avantage, d'avoir une Mère auſſi bonne qu'attentive, qui veille, qui ſ'inquiète, ſi ſes Enfans ſont bien ! ſ'ils ſavent profiter des biens, que vos bontés à tous-deux leur ont-procurés !.... Ma Mère !... l'Homme eſt ſûr d'avoir un Genie tutelaire, un Ange visible, qui veille à ſa con-ſervation, tant qu'il peut dire, *ma Mère!*

Mad. D'Ormond (à ſon Fils-aîné) : Plûs il va, & plûs je ſuis contente de votre Frère, mon Fils !

M. De-Bonne. Je vous ai toujours dit, que D'Azinval vous adorait, madame.

Mad. D'Ormond (à D'Azinval) : Voila vos Domeſtiques ?

D'Azinval. Oui, c'eſt ma ſeconde Famille.

Mad. D'Ormond (aux Gens) : Faites donc bien votre devoir : votre Maître a le cœur excellent ; il ne laiſſera pas le merite ſans recompenſe. (*à la Femme-de-charge :* Vous êtes la menagère, madame ?.......... (*montrant une Fille-de-chambre*) : Pour-quoi cette Jeune-fille ?

D'Azinval. Elle aide à la Femme-de-charge, dont-elle eſt la nièce ; ſi je me marie, el'e ſera à ma Femme.

Mad. D'Ormond. Voila votre Valet-de-chambre... un Laquais... (*ſouriant*) : Un Jockey ?

D'Azinval. C'eſt l'uſage : mais je fais

élever ce Garſon avec ſoin; je ne laiſſe pas la Jeuneſſe ſ'engourdir dans l'oiſiveté.

Mad. D'Ormond. Et avez-vous un Intendant?

D'Azinval (ſouriant): Oui, ma Mère.

Mad. D'Ormond. Prenez-garde!

M. D'Ormond. Il ne peut être-là?

D'Azinval (ſe montrant lui-même): Le voici, mon Père.

Mad. D'Ormond. A-la-bonne-heure...

D'Azinval. Mon Valet-de-chambre eſt mon ſecretaire: mon Laquais eſt mon commis; mon Cocher & ſon Fils ſont mes jardiniers: La Femme-de-charge & ſa Nièce font la cuiſine. Tout le monde a double emploi, & doubles gages; je regarde l'inutilité, comme la ſource du vice: mais il faut encourager le travail.... Je m'occupe moi-même, & j'ai auſſi mon double emploi dans la maiſon: Je ſuis le Maître d'exercices, & mes Gens ſont mes élèves...... Je rens compte de ma conduite à des Parens cheris.

Mad. D'Ormond. J'approuve tout ce que vous faites.... Mais j'ai à vous parler en particulier; votre Père & votre Frère ont leurs occupations....

M. D'Ormond. A tantôt, mon Fils. (M. *De-Bonne ſerre la main de ſon Frère. Tous les Domeſtiques rentrent.*)

1 v Scène.
D'Azinval, Mad. D'Ormond.

Mad. D'Ormond. Mon Fils, j'ai toujours fait une obfervation, en entrant chés vous, ailleurs comme ici : Tout eft en l'air, dès que je parais! les portes fe ferment, les Domeftiques tremblent, & vous aviez, à l'inftant de mon arrivée, Quelqu'un avec vous, qui f'eft élancé comme un trait hors du fallon!

D'Azinval. Mon refpect & ma tendreffe pour vous, ma Mère, n'ont point de bornes : je vous adore comme l'image parfaite de la Divinité à mon égard. Si l'on vous craint ici, je l'ignore; je fais qu'on vous y revère.

Mad. D'Ormond. Vous connaiffez combien je vous cheris, Monfieur D'Azinval : ma feverité même vous l'a-prouvé : c'était un excès de tendreffe : vous favez à quel point eft vrai ce que je vous dis! Vous portez le nom de ma maison; vous deviez la relever; pouvais-je permettre qu'un fang vil y entrât par cette Fille !

D'Azinval (lui baisant la main) : Vous parlez à un Fils, qui met fon honneur & fa felicité, à reparer les torts d'une imprudente jeuneffe.

Mad. D'Ormond (attendrie :) Mon cher Fils! j'ai des chagrins, & c'eft à vous que je viens les confier.... Vous vous rappelez, que jamais votre Frère-aîné n'opposa la moindre resiſtance à mes volontés? Soumis, comme un Fils doit l'être à ſa Mère, il fit tout ce que je lui preſcrivis, juſqu'à ſon mariage, ſans le moindre examen : Il avait cet avantage ſur vous : Mais la nature veut apparemment que vous ſoyiez égaux : ce que le Père n'a point entrepris, ſon Fils l'a-oſé ; D'Orbigni me reſiſte, il brave mon autorité !... Il effraye un Père & un Ayeul timides, en les menaçant de ſe laiſſer mourir !... Je m'adreſſe à vous, mon Fils ; vous ne ferez parler que l'amitié: tâchez de calmer cette Tête indocile, que ſon cœur égare ! Il aime : mais quî ? une Fille-de-modes !... En verité, nous ſommes dans un ſiècle, où les Hommes ſont fous ! Ils ne ſ'attachent qu'à des Grisettes, ou des Avanturières !

D'Azinval. Ma Mère permettra-t-elle un mot à un Marin, qui a perdu la politique française, en frequentant les Sauvages de la Lousiane ?

Mad. D'Ormond. Mon dieu ! monſieur D'Azinval, vous êtes le maître ! A votre âge, on eſt homme, & tout eſt permis, les bienſeances obſervées.

D'Azinval. Ce n'eſt pas avec ma Mère que je m'en diſpenſerai: mon diſcours ſera general. Ce qui éloigne aujourdhui les Hommes du mariage & de la recherche de

leurs

leurs Egales, c'est le luxe exceſſif, l'humeur acariâtre, imperieuse des Femmes richement dotées: Les Hommes effrayés, recherchent la douceur & la paix dans les conditions inferieures; ils eſpèrent commander à des Femmes, dont ils auront fait la fortune; qui n'auront pas une Famille puiſſante, pour appuyer leur deraison.... Avec une Femme inferieure & ſans dot, ils ſont à l'abri des procès en ſeparation; ils ſont maîtres de reprimer les écarts, ou plutôt de les prevenir.... Pardon, ma Mère! mais je vous ai demandé la permiſſion d'être ſincère, & je le ſuis.

Mad. D'Ormond (ſouriant): N'auriez-vous pas ici plaidé un-peu votre cause perſonnelle?

D'Azinval. Non, ma Mère: Le paſſé ne m'affecte plus; & peut-être même vous ai-je obligation des obſtacles que vous apportates à mon mariage. C'eſt vous dire que je ferai tous mes efforts, pour repondre à votre confiance. Je tâcherai de ramener mon Neveu à la raison. C'eſt lui qui me quitte; il vient de me faire ſa confidence: J'ai-promis de voir ſa Maîtreſſe; je la verrai avec lui, mais pour trouver des armes contre ſa paſſion: La Jeune-fille eſt femme; elle a les defauts de l'humanité; j'en ſaurai tirer parti, pour guerir mon Neveu. Je vous dois cette

conduite, ma Mère pour reparer les chagrins que je vous causai.

Mad. D'Ormond. Hâ! Monſieur D'A-
zinval, puiſſent un jour vos Enfans vous
donner autant de ſatiſfaction que vous m'en
causez aujourdhui! Je vous ai toujours
connu un bon cœur; mais en cet inſtant,
vous m'en donnez la marque la plûs flateu-
se pour une Mère telle que moi?..... Mon
Fils, quoique Mère, & connaiſſant tous mes
droits, je ſuis raisonnable; je ſais qu'à votre
âge, on doit ſe choisir ſoi-même ſa Compagne, parcequ'on eſt en état de l'apprecier. Je ne demande pas à vous la donner;
je ne voudrais pas choisir pour vous, comme je l'aurais fait dans votre première jeuneſſe, lorſque vous étiez ſans experience :
Mais vous ſavez mes puiſſans motifs, pour
que vous preniez enfin une Epouse qui vous
convienne, de toutes manières .... Vous
m'entendez? de toutes manières: C'eſt le
nom de mon Père, que vous devez relever; ce fut celle des conditions du mariage qui me fit preferer votre Père à ſes Rivaux : Mais quand le choix ſera fait, con-
ſultez votre Mère, comme une prudente
Amie, éclairée par ſon ſexe pour le bien
juger, & ſurtout zelée, comme une
Mère l'eſt toujours pour ſes Enfans.

D'Azinval (lui baisant la main) : Vous
ferez obeïe, ma Mère.... O reſpectable

Femme! qu'il est glorieux d'être votre Fils!

Mad. D'Ormond. Je suis bien contente de vous, monsieur D'Azinval!... Je vous laisse : Voyez votre Neveu ; rendez la tranquilité à votre Famille, & soyez mon confident, ma consolation ! (*Elle sort ; D'Azinval la reconduit*).

v Scène.

Marianne, Rosalie, la Maîtresse-de-pension.

La Maîtresse (*à Marianne*) : Ma chère Fille, votre Protecteur vous prend ches lui ; vous alez vivre dans une maison opulente, où l'on voit grand monde : je le connais, ce monde trompeur ; qu'il ne vous seduise pas : Le moyen de ne pas être sa dupe, c'est de s'en faire respecter.

Marianne. Ma bonne Maîtresse, je n'oublierai jamais vos leçons. Ce qui me rassure, c'est que je suis chés le plûs vertueux des Hommes.

Rosalie. Hô oui ! & le plûs aimable.

La Maîtresse. C'est un respectable Mortel, je le sais : Dailleurs, vous alez être sous la conduite d'une Personne de notre sexe, dont il m'a fait un bel éloge. Elle sacrifia tout autrefois à l'amitié ; depuis, sa pauvreté noble ne l'a point avilie.

Marianne. C'est donc une belle âme !

La Maîtresse. Je vous l'ai dit par ce mot, Elle sacrifia tout à l'amitié.

Marianne (*embraſſant Rosalie*) :
C'eſt une douce chose, que l'amitié !

Rosalie (*repondant à ſes careſſes*) :
Ma chère Compagne ! puiſſiez-vous être
heureuse autant que je le desire !... Mais
vous le ſerez, puiſque vous alez vivre
avec M. D'Azinval.

Marianne. Je ne t'oublierai jamais, &
que c'eſt toi, quand il me tira de l'opprobre & de la misère, qui m'adoucis le changement d'état, toujours penible !... Chère
Amie ! je voudrais que dans ma nouvelle
ſituation, nous fuſſions inſeparables !

La Maîtreſſe. Mon amitié vous a ren-
dues comme les deux Sœurs, mes chères
Filles ; aimez-vous toujours auſſi tendrement....... Rosalie, ma chère Elève,
Mademoiselle Marianne a le cœur excellent, comptez ſur ſon amitié.

Marianne (*embraſſant Rosalie*) : Notre
bonne Maîtreſſe me rend juſtice.

Rosalie (*vivement*) :   Et moi auſſi !...
Oui, ma chère Marianne, ſi l'on connaiſſait la beauté de votre âme, comme je la
connais, on vous aimerait, independam-
ment de cette figure angelique.

Marianne. Loue-moi, ma chère Compagne ! tu me fais plûs de plaisir que tu
ne penſes ; tu loues ton ouvrage & celui de
notre Maîtreſſe ; tu loues l'effet des ſoins de
mon Bienfaiteur. Avec quel art tu m'as

appris à m'estimer moi-même, sans devenir orgueilleuse ! comme ta prudente amitié developa dans mon cœur le germe des
qualités que tu vantes, & qui, sans toi, ne
fussent jamais nées ! J'étais plûs libre
avec toi, je te croyais davantage, parce-
que tu étais de mon âge...... Hâ ! c'est
une douce chose que l'amitié.... Moi,
denuée de tout auparavant, que de biens
me sont venus à la fois !... Comptons-les,
Rosalie !... Mon Protecteur... Notre bonne Maîtresse... Toi ... l'éducation, le
travail, l'instruction, les livres, les arts,
l'aisance... Un seul Être bon m'a donné
tout cela..... Mais ... le voici.

VI Scène.

*Les Mêmes : D'Azinval entrant par le
fond avec Madem. D'Osier, & de-
meurant à-part.*

D'Azinval. Votre Eleve est arrivée !...
Elle est avec Mad. Clarmont & une Jeune-
amie, qu'elle aime par le plûs beau des
motifs, la reconnaissance... Marianne
est belle ; Rosalie est charmante, & la
Maîtresse digne de vous seconder. Devinez ma Pupile ?

Madem. D'Osier (*les considerant*) :
Je ne sais... elles sont également aimables...
Mais je voudrais que ce fût celle en rose ?

D'Azinval. Reflechissez-y ?

Madem. D'Osier. Je persiste.

K 3

D'Azinval. Hé-bien,   c'eſt elle....
Abordons-les ; car elles nous ont vus.
VII Scène.

D'Azinval, Marianne, Madem. D'Osier,
Rosalie, la Maîtreſſe.

Marianne (vivement): Hâ ! monſieur !
que j'ai desiré ce moment !

La Maîtreſſe. Je vous remets votre
Depôt, monſieur.

D'Azinval. Vous n'avez pas trompé
ma confiance, madame; & je vous dois
infiniment !

Marianne (à D'Azinval): C'eſt la
premiere fois, monſieur, que je vous vois
dans votre maison.

D'Azinval. Et dans la vôtre, ma chère
Fille.

Madem. D'Osier (émue): Pardon,
monſieur ! la figure de Mademoiselle
m'intereſſe vivement !

D'Azinval. Voila ma Pupile. (*à Ma-*
rianne): Ma Fille, vous alez reſter ici : ma
maison ſera la vôtre: vous n'avez plus de
Mère; voila Celle qui vous en tiendra lieu,
(*montrant Madem. D'Osier*). Mais vous
pleurez, ma Fille !

Marianne. Le nom de votre Fille, que
vous me donnez ſouvent, monſieur, m'a
toujours attendrie.

D'Azinval. Je vous le donnerai toujours, même quand vous aurez un titre
plûs-ſacré.

Marianne. En est-il pour moi ?

D'Azinval (à Rosalie). J'espère, mademoiselle, que vous resterez avec ma Fille jusqu'à son mariage ? C'est une faveur que je vous demande ?

Rosalie. Mon cœur l'accorde : mais... je depens...

D'Azinval. Je le demande à votre Maîtresse, & je l'obtiendrai de votre Mère.

La Maîtresse. Permettez, monsieur, que je vous dise un mot, en presence de mademoiselle Rosalie ? (*Ils rentrent tous-trois*).

VIII Scène.

Marianne, Madem. D'Osier.

Madem. D'Osier. Quel genereux Mortel ! Il semble n'exister, que pour repandre ses bienfaits !

Marianne. Qui le fait mieux que moi !

Madem. D'Osier. Moi peut-être : Vous êtes jeune ; vous êtes belle ; un autre sentiment a pu lui parler au cœur pour vous : mais pour moi, que l'âge & la misère ont defigurée...

Marianne. Quand ce digne & vertueux Mortel me recueillit, j'étais enfant, j'étais pauvre, & sous la livrée de l'indigence la plûs repoussante ; les deux extrêmes se ressemblent, & l'Enfance malheureuse touche peut-être moins, que la Vieillesse abandonnée !

Madem. D'Osier (regardant Marianne avec avidité): Votre son de voix, vos traits... Oui, tous vos traits... Quelle était votre Mère?

Marianne. Je ne l'ai jamais vue.

Madem. D'Osier. Ignorez-vous son nom?

Marianne. Oui, je l'ignore. Mad. *Bonnichon* m'a dit, que celui de Marie-Guifland, sous lequel ma Mère s'était mariée, est supposé.

Madem. D'Osier. Marie - Guifland! Votre Mère s'appelait ... ou avait pris ce nom-là?

Marianne. Oui, madame.

Madem. D'Osier. Vous eutes une Nourrice! comment se nommait-elle?

Marianne. On m'a dit, que c'était Mad. *Martin*, qu'on la nommait.

Madem. D'Osier. Grand-Dieu! ces traits ... ces rapports... Une Demoiselle, amie de votre Mère, vous avait confiée à la Martin?

Marianne. Oui: mais on m'a dit qu'elle m'avait abandonnée.

Madem. D'Osier (vivement): O ma chère Fille! ne le croyez-pas! Elle y fut contrainte par ses malheurs! (*Preſſant contre ſon cœur Marianne, qui veut ſe degager*): Je vous ſuis garante de la tendreſſe de cette Infortunée...... Ne la repouſſez-

pas....... C'eſt l'Amie de votre Mère, qui vous preſſe contre ſon cœur !

Marianne (*revenant à elle*) : Vous!... Vous!... Hâ! que vous m'alez être chère!

Madem. D'Osier. Ma Fille! ma chère Fille!

Marianne! Si vous êtes ma mère, ne me le cachez-pas ?

Madem. D'Osier. Non, ma chère Fille, je ne le ſuis que par ma tendreſſe : Un-jour, je vous raconterai l'hiſtoire de votre Mère; elle vous inſtruira, en fesant couler vos larmes. Trompée par un Ingrat, un Perfide, elle en fut abandonnée enceinte : elle vous mit au monde, & mourut de douleur ... dans mes bras... Hâ! ſi tous les Hommes reſſemblaient à M. D'Azinval!..... Mais le Traître *Auguſtin-Armand*, votre Père, était un monſtre, & le parfait opposé de notre aimable & vertueux Protecteur !

Marianne. Vous venez de dire le nom de mon Père !

Madem. D'Osier. Oui, ma chère Fille.

Marianne (*avec raviſſement*) : O Mortel cheri !.... ô mon Père! non, je ne ſaurais vous haïr! non! vous ne futes, ni traître, ni perfide ! Mon cœur prend votre defenſe !

Madem, D'Osier. Aimable & pieuse

Enfant! la bonté de votre naturel me charme? & le Ciel vous devait un meilleur Père!... Mais il vous l'a donné, dans notre genereux Protecteur.

Marianne. Les droits de l'Un ne peuvent nuire à ceux de l'Autre.

Madem. D'Osier. C'est l'âme de sa Mère! Abandonnée, trahie, elle aimait, elle excusait encore le Parjure! Mais, mon aimable Fille, racontez-moi comment M. D'Azinval vous a-rencontrée! Ce recit repeté me charmera dans votre bouche?

Marianne. Auparavant, dites-moi, si j'ai perdu l'esperance de jamais revoir mon Père?

Madem. D'Osier. Votre Père! & où le trouver? Qui sait, depuis seize-ans, ce qu'il est devenu?

Marianne. Il m'a donc abandonnée! abandonnée à-jamais?

Madem. D'Osier. Je me garderai bien de lui prêter des torts qu'il n'a pas! Il ignore votre existance; il quitta votre Mère, avant qu'elle soupçonnât elle même qu'elle vous donnerait le jour.

Marianne. O Ciel! dans quel abîme je me vois plongée!.... Mais il existe un acte de mariage? Vous pouvez seule me donner des lumières.....

Madem. D'Osier. Un acte-de-mariage... O ma chère Fille, il n'en existe-pas.

Marianne. Il n'en exifte pas !.... Ex-
pliquez-vous, madame !

Madem. D'Osier. Vous êtes .... une
Fille ... naturelle...... Ne rougiffez-
pas, ma Chère ! Ce n'eft pas votre crime ; ce n'eft pas même celui de votre
Mère : votre Père feul, & fa Mère, font
coupables...

Marianne (*éplorée*) : O Monfieur
D'Azinval ! je ne tiens donc qu'à vous dans
le monde !

Madem. D'Osier. Non, ma Fille,
vous ne tenez qu'à lui ... Mais... Voici
M. D'Azinval....

IX Scène.

Marianne, MADEM. *D'Osier*, *D'Azin-*
val, *Rosalie*, *la Maîtreffe-de-penfion.*

La Maîtreffe-de-penfion (*à Marianne*) :
Je vous felicite, MADEMOISELLE ! Puifque
M. D'Azinval & vous le desirez également-
ment, MADEM. Rosalie reftera auprès de
vous, jufqu'à l'heureux jour.

Madem. D'Osier. Et moi, MADAME,
je vous temoigne en mon particulier la
plûs vive reconnaiffance !... Mais que ne
vous dois-je pas, à vous, MONFIEUR ! à
vous.... Un mot vous exprimera tout :
Vous avez fervi de père à la Fille de mon
Amie ! Marianne eft cette Enfant cherie,
que j'ai reçue dans mes bras, le jour de fa
naiffance ; à quî j'ai fervi de mère, après

qu'elle eut perdu la sienne: Vous étiez,
il n'y a qu'un moment, le plûs genereus
des Hommes! Jugez de ce que vous
êtes, à-present!.... Nous nous sommes
mutuellement éclairées, pendant votre
absence !

D'Azinval. Je le savais dès hier, par
un mot de la Nourrice: Cette Femme,
en vous reconnaissant, m'a montré la Con-
fidente que je cherchais: Vous servitez
encore de mère à ma Pupile: Alez,
Mademoiselle (*à Marianne*): alez, ma
chère Fille, prendre possession de votre
appartement: Car, de ce moment, vous
êtes inseparables. (*à Madem. D'Osier*):
Vous irez ensuite faire les emplettes dont
nous avons parlé.

Madem. D'Osier. Alons, ma Fille:
(*à la Maîtresse-de-pension*). Je vous
fais les honneurs, en attendant que votre
Elève ait droit de les faire....

D'Azinval (*à Rosalie*): Vous ne les
accompagnez-pas, jolie Compagne de
ma Jeune-amie?

Rosalie. Pardonnez-moi... Mais si
je m'amusais à ce clavessin, en attendant
qu'on sorte pour les emplettes.... *Elle
veut preluder & tire quelques sons : D'A-
zinval s'approche ; Rosalie se trouble, &
s'échappe, en disant*): Hâ! j'entens
deja la voiture! je vais avertir ces Dames.

x Scène.

D'Azinval seul (la regardant aler) :
Elle est charmante !... Une dot la rendrait un Parti... Elle la merite... Je la lui dois... Elle l'aura.

Fin du premier acte.

Second Acte.

1 Scène.

Un Valet, Un Vieillard.

Le Vieillard ayant un bâton blanc & une adresse à la main) : N'est-ce pas-ici la demeure de M. D'Azinval ?

Le Valet. Oui : ce salon est ouvert à Tous-ceux qui ont quelque rapport avec lui : Vous pouvez l'y attendre commodement, & même dîner ici.

Le Vieillard. Je suis un Inconnu !

Le Valet. Mon Maître a-été malheureus ; c'est ce qui l'a rendu compâtissant. Par-exemple ; Personne au monde n'est plûs facile à servir que lui ; & quand nous avons fait notre devoir, il nous remercie. Comme il ne saurait parler à tout le monde à-la-fois, il a voulu que l'endroit où l'on serait forcé de l'attendre, fut honnête, commode, & qu'on pût y manger.

Le Vieillard. Mon Ami, quand Ceux qui vivent journellement avec un Homme audessus d'eux, qui le voient dans toute la liberté familière, en disent ce que vous dites de votre Maître, il faut qu'il soit un bien excellent Homme!... Je viens le prier de m'esconter un Billet de la banque d'Anglettere: Il est bon... Car...

II Scène.

Le Vieillard, Madem. D'Osier (habillée), Marianne (qui reviennent de Ville).
Le Valet.

Le Vieillard (se levant): Voici des Dames.

Le Valet (se retirant): Elles sont de la maison.

III Scène.
Les Mêmes.

Madem. D'Osier (regardant attentivement le Vieillard): Voila un respectable Vieillard!

Marianne. Comme il nous observe!

Le Vieillard. C'est elle... Mais, cette opulence... Elle est sans-doute la gouvernante de cette jeune & belle Personne!

Madem. D'Osier. En attendant Rosalie & votre Maîtresse, il faut que je lui parle.

Le Vieillard. Je n'en puis douter....... (abordant Madem. D'Osier): Pardon, Mademoiselle! sous la livrée de l'infortune, on n'aborde qu'en tremblant les Personnes même, qu'on croit reconnaître pour d'anciens Amis!

Madem. D'Osier. Parlez, respectable Vieillard : Cette livrée que vous portez encore, il n'y a qu'une heure ou deux, je la portais comme vous.

Le Vieillard. Hâ ! c'est elle ! c'est la genereuse D'Osier !

Madem. D'Osier. C'est l'infortuné Père de mon Amie ! (*Elle se jete dans ses bras*)... Entrons, entrons ! Il y-vient ici trop de monde, & votre situation ne permet pas qu'on vous expose !...

IV Scène.

D'Azinval, Rosalie, la Maîtresse, (arrivant en-même-temps, mais par deux entrées differentes).

D'Azinval (alant à Rosalie) : Connaissez vous ce Vieillard, qui vient d'entrer avec Marianne & madem. D'Osier ?

Rosalie. Non, monsieur ! il n'était-pas avec nous.

D'Azinval. J'entens ! notre sage Gouvernante a seule son secret... Mademoiselle D'Osier m'a promis une confidence entière, après le dîner ; occupez Marianne, afin que plus tranquile avec cette Amie de sa Mère, je m'instruise parfaitement... Mais la voici. Alez, je vous prie, toutes-deux auprès de Marianne.

V Scène.

D'Azinval, madem. D'Osier.

D'Azinval (s'en alant) : On m'avertira, quand on aura servi.

Madem. D'Osier. Un mot, je vous en prie, monsieur !

D'Azinval. Je ne voulais pas être indiscret : Vous êtes ici maîtresse comme moi-même : ne me revelez rien, si c'est un secret !

Madem. D'Osier. Non pas pour vous ; mais pour tout le monde.

D'Azinval. Pourquoi m'excepter ?... Mademoiselle, je ne suis pas encore assés connu de vous.

Madem. D'Osier. Mais, il le faut ; on a besoin de vous !

D'Azinval. En ce cas, parlez : me voila prêt à tout entendre.

Madem. D'Osier. Ce Vieillard, que vous avez surement entrevu, tient à votre Pupile.

D'Azinval. Est-ce son père ?

Madem. D'Osier. Oui ... c'est son père.

D'Azinval. Il sera le mien.

Madem. D'Osier. Hâ-Dieu ! quel bonheur !.... Il dînera seul, à-cause des Etrangers & des Domestiques.

D'Azinval. Pourquoi ? Je ne rougirai pas de le voir à ma table ?

Madem. D'Osier. Permettez que je le fasse manger seul : Après ma confidence entière, je ne suivrai plus que vos ordres.

D'Azinval. Je vous ai dit que vous étiez la maîtresse.

Madem. D'Osier. Je n'abuserai-pas des droits que vous me donnez.

VI Scène.

D'Azinval, madem. D'Osier, un Valet.

Le Valet. Monfieur eft fervi.

D'Azinval (*donnant la main à Madem. D'Osier*). Vous adreſſerez dorenavant la parole à Madame... Mettons-nous à table. *Marianne & Rosalie arrivent par le fond, fuivies d'une Fille-de-chambre*).

VII Scène.
Les Mêmes.

La Fille-de-chambre : Si Monfieur voulait, on ne dînerait pas dans ce falon, qui eft comme une place publique, & on le laiſſerait aux Etrangers ?

D'Azinval. Pourquoi cela ?

La Fille-de-chambre. C'eft que voici du monde qui vous vient : Cette vieille Plaideuse; ce vieux Officier; cette Cantatrice; ces deux Marchands d'Amerique; ce Mecanicien ; ce Sourcier ; ce beau Chanteur; cet Homme, qui a un habit fi fec; ce Jeune-homme que vous protegez, & deux Fermiers de campagne.

D'Azinval. (*fouriant*) : Que tout le monde fe mette à table avec nous.

VIII Scène.

Les Mêmes : Une vieille Plaideuse mère de Rosalie : un vieux Chevalier de

Saint-Louis : une Cantatrice Italienne : deux Marchands : un Feseur d'Airoflats : un Jeune-poète à belle voix : un Homme-de-merite pauvre : un Jeune-Artiste : deux Paysans.

D'Azinval (se levant). Mesdames ! *(à la Plaideuse, & à la Cantatrice)* ici. *(Il place la Plaideuse à-côté de lui, & la Cantatrice au bout de la table) : (Aux deux Paysans)* : Mes Amis, mettez vous-là *(aux deux côtés de la Cantatrice).* Messieurs *(plaçant les deux Marchands ; ensuite, le Mecanicien, le Sourcier, le Chanteur-poète, l'Homme-de-merite, & le jeune Artiste)*, voila vos couverts. *(à la Fille-de-chambre)* : Vous ferez mettre une seconde table pour Ceux qui surviendront : Je me suis promis, en voyant l'hospitalité des Nations-sauvages du Nouveau-monde, que toute Personne qui arriverait chés moi aux heures des repas, y mangerait ; excepté neanmoins les Gens deshonorés publiquement, & qui le meritent. *(à la Plaideuse que Rosalie embrasse)* : Madame, votre presence, aujourdhui surtout, me fait le plûs-grand plaisir ! J'ai reüni les deux Amies ; permettez que ma Pupile vous doive le bonheur de posseder ici une Compagne cherie ?

La Plaideuse. De tout mon cœur, mon cher D'Azinval !

D'Azinval (*montrant* Mlle *D'Osier*).
Voila leur digne Gouvernante?

La Plaideuse. Hâ-bon! bon! car j'ai tant d'affaires, que j'oublie tout, jusqu'à la convenance!

D'Azinval. Madame, je songe toujours aux bienseances neceffaires.... Mais un procès eft une terrible chose! Etes-vous bientôt quitte du vôtre?

La Plaideuse. Celui-là fini, j'en ai trois à commencer.

D'Azinval. Cela vous amuse? (*montrant Rosalie*): Mais que le fort de votre Fille vous touche!

La Plaideuse. Hé! c'eft pour foutenir fes droits que je plaide. Son Père était noble, brave Officier; il f'eft diftingué, fait tuer fur la brèche: mais il avait peur d'un Procureur! Je ne lui reffemble pas! Tout ce qui me fait peine, c'eft que ma Fille foit chés une Marchande-de-modes!

D'Azinval. Vous-vous trompez, madame! C'eft une Femme refpectable, qui occupe utilement fes Elèves, & votre Parente!

La Plaideuse (*bas, avec une grimace*): C'eft ma Cousine du côté gauche: Elle était fille-de-modes, quand mon benêt de Parent f'en enmouracha.

D'Azinval. Laiffons cela: Je vous

dirai quelles font mes vues pour Mademoiselle Rosalie.

La Maîtreſſe. Madame, croyez que l'occupation conſerve les mœurs : Je ne ſuis pas marchande ; ce titre ne conviendrait pas à mon emploi : mais on travaille chés moi, dans une retraite honnête.

D'Azinval (*aux deux Payſans*) : Mes Amis, que dit-on d'intereſſant, dans vos cantons ! Êtes-vous contens de moi ?

Un Payſan. Rien de nouviau cheû nou', & vou' nou' avez fait un bon prix : Mais j'ons vu à Paris trois choses qui nou' ont fait peine ! c'eſt de grands Faineans de Laquais ; des Chevaux bén nourris qui ne laboũront-pas, & des engrais bén bons ! qu'n'on brûle, ou qu'n'on jete à la rivière.

D'Azinval (*ſervant le Chevalier-de-Saint-Louis*) : Mon General ! c'eſt pour vous : ces Dames le permettent.

L'Officier. Je ne le ſouffrirai pas.

La Plaideuse. Cela eſt jugé : ni ma Fille, ni moi...

La Cantatrice. Ni moi.

L'Officier. J'obeis aux Dames.

D'Azinval (*ſervant la Plaideuse, puis la Cantatrice, enſuite les deux Payſans, auxquels il dit*) : Ce potage eſt bien leger ! mais il nous viendra des pièces ſolides ; j'aurai ſoin de vous. (*à l'Homme-de-merite*) : Monſieur, je ne faurais vous dire combien j'ai de plaisir à vous voir! (*fervant les deux Marchands:*) Si vous n'avez rien de bien preffé, nous parlerons de nos affaires un autre jour. (*Au jeune Artifte*): Hé-bien, mon jeune Ami? comment vont les progrès? Vous m'avez paru vous perfectionner beaucoup! (*Au Chanteur-poëte*): Vous êtes desiré partout, monfieur; vous nous donnez la preference; j'en fuis bien reconnaiffant! Vous ferez pour ces Honnêtes-gens, Vous & Mademoiselle (*montrant la Cantatrice*), une preuve que la voix humaine l'emporte en beauté fur le chant de tous les Etres vivans; Le gosier de Mademoiselle eft bien plûs brillant que celui du Roffignol; & Monfieur met dans fon chant une énergie & une nobleffe, qui enlèvent l'âme: Je fuis reellement charmé, mes bons Amis (*regardant les Paysans*) que vous preniez une idée de la perfection de notre musique & de la beauté de la voix, quand elle eft cultivée: l'impreffion que les talens naturels & acquis de ces deux Perfonnes diftinguées fera fur vous, me guidera furement; elle fera le temoignage de la nature.

Madem. D'Osier (*fervant la Famille & la Maîtreffe-de-penfion, en même temps que D'Azinval fert les Etrangers: à Marianne*): Je fais votre office.

Marianne. Vous êtes ma mère.

Madem. D'Osier. Par le cœur.

La Cantatrice (preludant, en regardant Marianne : Elle chante) :

> Felice chi vi mira !
> E più felice chi per voi sospira
> Felicissimo poi
> Chi sospirando, fa sospirar voi !

D'Azinval à (Marianne) : Quelle voix brillante, ma Fille ! avec quel goût cela est chanté !

Les deux Paysans. Nous n'avon' entendu que du gazouillis !

La Cantatrice. Je vais vous dire la même chose en français.

> Heureux qui vous admire !
> Plûs heureux qui pour vous soupire !
> Mais un sort bien plûs doux,
> Serait de vous toucher, en soupirant pour vous !

Un Paysan. Ça s'pourrait' ête, aumoins ! car Ma'm'selle est bén-jolie !

Le Chanteur-poète. Je ne vous parlerai que français. *(Il prelude avec la ritournelle : Il chante, en s'adressant à Marianne) :*

> Le plûs sûr moyen de plaire,
> Quel est-il, Jeune-Beauté ?
> Pourquoi rougir, & vous taire ?
> Parlez, mais soyez sincère,
> L'Amour vous l'a revelé !

Eſt-ce la magnificence ?
Ou l'éclat des diamans ?
Une coûteuse élegance ?
Ou-bien l'air de ſuffiſance,
Commun effet des talens ?

Une orgueilleuſe ſcïence
Captive-t-elle les cœurs ?
Les treſors de la finance
Et des vertus l'apparence
Sont-ils de plûs ſûrs vainqueurs ?

Non , non , belle Marïanne,
C'eſt votre ſimplicité ;
Elle plaît , elle condanne
Cette gaze dïafane ,
Aiguillon de volupté !

A l'inſolente parure ,
L'aimable naïveté
Oppose en vous la nature ;
L'onde claire , fraîche & pure
Eſt le fard de la Beauté.

A tous ces talens futiles ,
Qui d'un éclat emprunté
Font briller tant d'Inutiles ,
On voit vos vertus faciles
Subſtitüer la bonté !

Vous n'êtes pas ignorante ,
Vous ſavez tout ce qu'il faut :
Vous êtes douce , prudente ,
Et quand vous êtes ſavante ,
L'ignorance eſt un defaut.

Pour être toujours aimable,
Comme l'on est à seize-ans,
A vingt soyez raisonnable,
A quarante respectable,
Par vos vertus, vos Enfans!

Un Paysan. Hâ! j'entendons ça!

Le second Paysan. C'est ben dit! au moins!

D'Azinval (au Chanteur-poëte) : Je vous remercie, monsieur! Vous étiez venu preparé!

Le Chanteur-poëte. Je vous jure que c'est un inpromptu.

Madem. D'Osier. Vous n'en avez que plûs de merite.

D'Azinval. Je vous demande pour tantôt une épitalame. *(au Mecanicien) :* Quand Monsieur espère-t-il diriger un globe!

Le Mecanicien. Il ne me manque que des fonds pour l'experience.

D'Azinval. Je les fournirai. *(au Sourcier) :* Quand convaincrez-vous les Incredules, monsieur?

Le Sourcier. Quand il n'y aura plus d'esprit-de-parti chés les Physiciens. *(Les deux Marchands se lèvent & sortent).*

I x Scène.

Les Mêmes: Marianne & Rosalie vont au clavessin; la Première (à D'Azinval) :

Nous alons executer, Rosalie & moi,
ce

ce que vous m'avez donné pour leçon?

D'Azinval. Voyons, ma Fille?

Rosalie (se mettant au claveſſin). Si c'était un duo, nous chanterions enſemble?

D'Azinval (aux deux Paysans). Mes Amis, vous alez entendre ma Pupile.

Rosalie (prelude ſur le claveſſin, & Mariannne chante un air italien):

Nel dolce tempo della prima etade,
Che naſcer vide, ed ancor quasi in erba
La fiera voglia, che per mio mal crebbe;
Perchè cantando il duol ſi diſacerba,
Santerò com' io viſſi in libertade,
Finchè Amor nel mio petto aſdegno ſ'ebbe !

D'Azinval. C'eſt charmant! mais d'où-vient chanter en italien?

Madem. D'Osier. Voudriez – vous qu'une Jeune perſonne chantât des paroles auſſi expreſſives, ſur un air ſi tendre, dans ſa langue naturelle !

D'Azinval (vivement): Vous avez raison, mademoiselle ! mais (*regardant les Paysans):* Je vais les expliquer:

Dans le doux printemps de la vie,
Qui la vit naître, tendre fleur,
Cette fière Beauté, pour mon malheur grandie,
En chantant ſes tourmens, on charme ſa douleur :
Helas! ma liberté, ſi doucement ſentie,
C'eſt l'Amour qui t'a ravie,
Quand il entra dans mon cœur!

Madem. D'Osier. Vous adouciſſez un-peu!

D'Azinval. En changeant bien peu de chose... (à *Rosalie*): Et vous, aimable Compagne de ma Fille, ne nous donne-rez-vous aucune preuve de vos talens?

Rosalie. Hô! fi, fi: Où desire-je briller, fi ce n'est ici?

D'Azinval. Vous y-trouverez le plûs ardent de vos Admirateurs.

Rosalie. Je cherche un Cœur plein de franchise,
»Un Cœur qui ne deguise
»Rien,
»Un Cœur enfin qui fympatise,
»Qui fympatise
»Avec le mien !

»Hâ! fi j'en trouvais,
»Et qu'il voulût fe rendre,
Le mien ferait encore plûs tendre,
Tendre à-jamais !
Hâ! fi j'en trouvais,
Et qu'il voulût fe rendre,
Je l'égalerais,
Ouï, Silvandre !
Je l'égalerais aux Dieux !
Hâ! fi j'en trouvais,
Et qu'il voulût m'entendre,
Je comblerais fes vœux,
Et lui ferais comprendre
Combien Timandre
Voudrait le rendre
Heureux !

D'Azinval. Les paroles & l'air, tout eft charmant... Si vous cherchez fince-rement ce que vous dites, vous le trou-verez; c'eft moi qui vous l'affure.

La Plaideuse (*en riant*): Oui, avec ces yeux-là, on trouve ce qu'on cherche (*à D'Azinval*): Convenez que cela ferait une jolie Solliciteuse !

D'Azinval. Ce ferait dommage !

La Plaideuse. Que vous importe ?

D'Azinval. L'Amie de ma Pupile a des droits fur mon cœur, outre que fon propre merite me touche.

La Plaideuse. J'ai fu, de par le monde, que Mad. D'Ormond vous avait foupçonné d'aimer ma Rosalie ?

D'Azinval. Si l'on entend par aimer, f'intereffer beaucoup à une Jeune-perfonne, l'honorer, l'eftimer, desirer fon bonheur, fe proposer d'y contribuer, ma Mère foupçonnait la verité.

Rosalie (*avec émotion*): Voila ce que de ma vie j'ai entendu de plus agreable.

Marianne. Et moi auffi, mon Amie.

Rosalie (*à Marianne*): Il eft des Perfonnes, à qui l'on aime devoir ... tout ....

Madem. D'Osier. Notre Vieillard eft-là : J'ai à vous parler à fon fujet.

D'Azinval (*à fes Convives*): Je vous laiffe. A demain, fi vos affaires vous retiennent à Paris. (*Ils fortent*).

x Scène.

D'Azinval, la Plaideuse, Marianne & Rosalie au claveffin.

D'Azinval. Madame, c'eft un grand

bonheur pour ma Pupile d'avoir connu votre charmante Fille ! croyez aussi, qu'il ne sera pas infructueux pour Rosalie d'avoir connu Marianne : Ces deux aimables Filles se sont mutuellement inspiré le goût de la vertu.

La Plaideuse. Je vous temoigne ma reconnaissance, monsieur, de tirer ma Fille d'une pareille maison : Quel sort pour une Demoiselle !

D'Azinval. Je ferai plûs ; je veux lui donner un Epoux.

La Plaideuse. Sera-t-il de robe ?

D'Azinval. Je verrai.

La Plaideuse. Tâchez que ce soit un Conseiller !

D'Azinval. Cela se pourrait : je ferai autant pour l'Amie de ma Pupile, que pour Marianne elle-même.

La Plaideuse. Adieu , mon cher D'Azinval ! Que vous seriez aimable si vous étiez mon Rapporteur ! (*Elle sort*).

XI Scène.

D'Azinval (que Madem. D'Osier ramène sur le devant ; tandis que Marianne & Rosalie restent au clavessin).

D'Azinval. Vous quitez le Vieillard ? veut-il me parler ?

Madem. D'Osier. Pas encore. Il ne faut pas vous taire que ce Vieillard, qui se cache, est fletri par un arrêt : de Faux-temoins : ont deposé ; fans une prompte fuite....

D'Azinval. Et vous le croyez innocent, mademoiselle ?

Madem. D'Osier. J'en fuis fure.

D'Azinval. Je le fuis donc auffi : Je verrai, folliciterai ; j'emploierai tout mon credit, pour rendre l'honneur à un Homme dont je veux être le gendre.

Madem. D'Osier. Tout ce que je vois de vous, tout ce que j'entens de votre bouche, redouble mon eftime & ma reconnaiffance ! Marianne vous eft donc bien chère !

D'Azinval. C'eft la Fille de mon choix : Aucun Mortel peut-être ne fut jamais auffi fenfible que moi aux douceurs de la paternité : C'eft une tendreffe de Père, unie à celle d'Epous, que j'ai pour ma Pupile ; car je ne ferai pas fon amant ; de fon père, je deviendrai fon mari. C'eft moins fa beauté que fes qualités, qui m'attachent à elle : Marianne a le cœur excellent, l'efprit jufte, & la plûs belle âme !... Mais je fors pour fon Père : Remettons le recit que vous avez à me faire.

Madem. D'Osier. A votre retour ?

D'Azinval. Nous profiterons du premier moment de liberté.

Fin du fecond acte.

Troisième Acte.

1 Scène.

Madem. D'Osier, Marianne, Rosalie,
(travaillant à l'aigüille :) le Vieillard
Madem. D'Osier (au Vieillard :)

M. D'Azinval eſt ſorti pour vous : Cet Homme eſt la bienfeſance même.

Le Vieillard. Je lui dois tout ce qu'il a fait pour vous.

Madem. D'Osier (montrant Marianne): Et tout ce qu'il a fait pour Mademoiſelle.

Le Vieillard. Que me dites-vous ?

Madem. D'Osier (à Marianne): Ma chère Enfant, cet Infortuné Père eut une Fille, belle comme vous ; qu'il aimait, comme vous meritez de l'être ; il jouiſſait d'une bonne reputation, d'une fortune honnête : Des Ennemis ſecrets voulurent le perdre, & ils y reüſſirent par de Faux-temoins, qu'il avaient gâgnés. L'Inno-cence fut deſcendue aux cachots deſtinés pour les Scelerats : Ce Vieillard alait ſubir une condamnation fletriſſante, lorſque les portes de ſa Prison ſ'ouvrirent comme d'elles-mêmes : Par quelles mains ? On l'ignore... Il a fui : mais à-peine échappé, un arrêt le condamna par contumace. Il perdit tout, excepté la vie... Sa Fille in-fortunée, jeune, belle, & n'en étant que plûs malheureuse, reſtait ſans asile : mais

elle avait une Amie ... comme la vôtre...
qui la recueillit; qui partagea tout avec elle,
& qui ne l'a quittée .... qu'au tombeau :
Cette Infortunée Fille du Vieillard que
vous voyez .... c'était votre Mère.

Marianne (*quittant l'ouvrage & se levant*) : Hâ-Dieu !

Le Vieillard (*la recevant dans ses bras*) : Et l'Amie qui la recueillit, la voila. (*montrant Madem. D'Osier*).

Marianne Je fais tout ce que je dois à ma seconde Mère.....

Le Vieillard. Ma chère Fille !...

Madem. D'Osier. Voici Quelqu'un !
(*Elle fait signe au Vieillard de se retirer, & il rentre avec Rosalie*).

11 Scène.

Marianne, Madem. D'Osier, D'Azinval.

D'Azinval (*à Madem. D'Osier*) :
J'ai fait des demarches qui ne seront pas in-
fructeuses : J'ai parlé de l'affaire de notre
Vieillard ; je l'ai nommé : On tient ac-
tuellement dans les prisons, pour un autre crime, Un des Faux-temoins qui ont
deposé contre lui. Ce Miserable a deja
parlé ; on espère que lorsqu'il sera entièrement convaincu, il ne deguisera plus
rien, & decouvrira toute la trame.

Madem. D'Osier. Justice du Ciel, je
vous reconnais ! vous alez sauver l'Innocence!.. (*à Marianne :*) Ma Fille, alez

lui porter cette heureuse nouvelle. (*Marianne rentre*).

III Scène.

D'Azinval, Madem. *D'Osier.*

Madem. D'Osier. Voici l'inftant deftiné au recit que je dois vous faire.

D'Azinval. Je fuis prêt à vous entendre : Marianne & Rosalie font auprès du Vieillard : nous ne ferons pas interrompus. (*Ils f'affiéent auprès de la table à ouvrage*).

Madem. D'Osier. Ce Vieillard n'eft pas le père, c'eft l'ayeul de Marianne.

D'Azinval. Et fon Père, quel eft-il ? Eft-ce un Homme connu ?

Madem. D'Osier. Non ; & fuivant les apparences, il ne le fera jamais.

D'Azinval. Elle n'aura que moi.... Je m'en applaudis ... Continuez, Mademoiselle ; je ne vous interromprai plus.

Madem D'Osier. Perfonne dans le monde ne m'interefle autant que cette Fille, que vous aimez, & qu'il femble que j'avais abandonnée aux foins de la Nourrice qui vous acompagnait hier, monfieur.... Un attachement fincère a fait le bonheur & le malheur de ma vie. J'aimais tendrement une jeune Compagne que j'avais vue naître, & que ma Mère avait élevée. Son amitié pour moi ne fut ni moins vraie, ni moins tendre. Je puis vous la nommer ; les raisons qui l'engagèrent pendant

longtemps à cacher son nom, n'existent
plus aujourdhui : Ceux qui l'ont affligée,
desesperée, ne la poursuivront pas audelà
du tombeau : Le Cruel qui la trompa,
la trahit, l'abandonna ... ce vil Seducteur
n'a plus de pouvoir sur elle.

D'Azinval. Si elle était belle comme
Marianne, c'était un mónstre.

Madem. D'Osier. Oui, sa Fille est son
portrait; Marianne est-aussi belle que sa
Mère; mais elle a plûs de fierté dans son
regard; *Laurence* l'avait plus doux.

»Cette Infortunée était fille de l'innocent Vieillard que vous venez de voir,
de cet Homme, que l'injuste Animosité
alait conduire à l'échafaud, s'il ne se fût
échappé. Il trouva un asile dans les
Pays étrangers : Mais durant sa fuite,
son nom était un opprobre, & sa Fille
n'osait le porter : Elle en prit un autre,
sous lequel je la presentai dans mes
Connaissances. Ce que je possedais fut
commun à tóutes - deux. Nous vecu-
mes dabord tranquiles : Si mon Amie
versait des larmes sur ses malheurs passés,
je partageais sa douleur, & la rendais moins
amère : Lorsqu'elle recevait des lettres de
son Père, elle permettait que je les ou-
vrîsse seule, & j'en adoucissais l'amertume :
Il ne manquait à notre repos, que de savoir ce Père infortuné dans une situation

L 5

supportable : Nous ne tardames pas à recevoir cette favorable nouvelle: D'Honnêtes-gens, convaincus de son innocence, le reçurent chés eux : Il conçut même l'espoir de se justifier : La lettre qui contenait ces details rendit à mon Amie une partie de sa première gaîté.

»Je crus alors pouvoir recommencer à goûter les plaisirs, que je m'étais interdits, depuis le malheur de Laurence. On m'invita pendant le carnaval : Je pressai mon Amie de m'accompagner: Elle refusait ; je lui dis que je refuserais aussi : Elle craignit de me priver d'une dissipation necessaire ; elle se rendit, & je l'entrainai....

»Pouvais-je prevoir que je serais l'occasion de son malheur !.... Mon Amie fit l'ornement & les delices de notre Assemblée : Il y eut bal : Une Compagnie de Masques se presenta : Tout le monde fut d'avis de leur accorder la permission d'entrer.... Mais ! on penètre ici malgré vos Gens...

IV Scène.

D'Azinval, Madem. D'Osier,
D'Orbigni.

D'Azinval (se levant) : Ce recit m'interesse.... Voyons... C'est D'orbigni !

D'Orbigni, se precipitant dans le salon) : Nous avons trop differé, mon

Oncle! mon bonheur, mon repos, mon
efpoir, tout eſt perdu! Elle n'eſt plus
chés ſa Maîtreſſe. Et vous verrez que c'eſt
mad. D'Ormond, qui ſ'en eſt emparée!..
Vous, qu'elle opprima, vous mon Oncle,
ſouffrirez-vous.... (*Mad. D'Osier rentre*).
v. Scène.
D'Azinval, D'Orbigni.
D'Azinval. D'Orbigni! je vous ai-
dit que j'honorais, que je reſpeĉtais ma
Mère!... Un-jour, mon cher Neveu,
tu ſeras père, à ton tour, & tu reclameras
les droits des Pères, que tu voudrais braver aujourdhui! Ce font les mechans Enfans, qui ont multiplié les Celibataires,
autant, & plûs que les mauvaises Epouses..... Tout ce que je desire au monde,
c'eſt d'être père! Que ce nom ſerait delicieux à mon oreille, ſ'il m'était donné par
un Fils ... vertueux, raisonnable; comme
toi, ſi tu l'étais davantage; par une Fille,
belle, douce, ſoumise; comme ...... ma
Pupile....... Je te la cite; tu ne la connais pas, mais tu la verras bientôt... Comment exiſte-t-il des Etres qui ſe privent
volontairement du bonheur d'être pères!
Comment en eſt-il, qui penſent qu'ils ſe-
ront heureux par l'isolement où nous laiſſe
le celibat!.... Que ma Mère, que mad.
D'Ormond ſoit une vieille Fille, elle ne
ſera que ridicule: Elle eſt mère, elle eſt

L 6

ayeule ; sa dignité m'étonne & m'interdit !
Ce nom de Mère que je lui donne, en fait
une Deesse à mes yèux, aulieu d'une Femme imperieuse... Je conviens qu'elle pouvait exercer un empire plus doux : mais...

D'Orbigni. Hâ ! mon Oncle ! ne ferez-
vous donc rien pour moi, & faut-il que je
m'abandonne au desespoir !... On parle
d'un Homme riche, qui a des vues... Je
ne sais ... mais tout m'épouvante, &
rien ne me rassure !

D'Azinval. Si mad. D'Ormond s'en
mêle, vous n'avez rien à craindre pour
l'honneur de votre Maîtresse !

D'Orbigni. Je ne l'en perdrai-pas
moins !...... Ne negligeons rien, mon cher
Oncle, pour savoir ce qu'elle est devenue !...
Il faut que je la voye, ou que je meure !...
Vous êtes riche ! Vous avez du credit ;
employez tout ce qui est en votre pouvoir
pour me conserver la vie !... Elle depend de Celle que j'aime, cette vie infortunée, que je ne puis conserver sans elle !...

D'Azinval. Mon Ami, alons dabord
chés sa Maîtresse.

D'Orbigni. Hâ ! vous me rendez
l'espoir !... C'est une très-honnête Femme ! Elle demeure dans le quartier le
plûs brillant de Paris ... assés près du *Pa-
lais-royal :* La Jeune-personne se nomme Marianne, à ce que j'ai entendu.....

D'Azinval. Marianne ?

D'Orbigni. Oui, c'est son nom.

D'Azinval. C'est une orfeline ?

D'Orbigni. On le dit, & qui depend d'un... Tuteur, ou d'un ... Protecteur.

D'Azinval. Sa Maîtresse s'appelle ?

D'Orbigni. mad. Clarmont

D'Azinval (avec émotion): Cette Femme ne m'est pas inconnue !...

D'Orbigni. Hâ ! quel bonheur !

D'Azinval. Etes - vous aimé de la Jeune-personne ?

D'Orbigni. Si je le suis ! vous en doutez ?

D'Azinval(riant): Je l'ignorais aumoins !

D'Orbigni. Je l'adore: l'âme d'un Amant échauffe l'âme à laquelle elle s'attache, & la force à s'attendrir.

D'Azinval. Cela est vrai souvent: Comment vous êtes-vous parlé ?

D'Orbigni. Je ne lui ai jamais parlé !

D'Azinval. Vous lui avez écrit ?

D'Orbigni. Jamais.

D'Azinval. Vous vous êtes donc entendus par signes, & vos regards...

D'Orbigni (impatient): Non, non !

D'Azinval. Je n'y suis plus ! quel est donc le langage que vous avez employé ?

D'Orbigni. Aucun: Il m'a toujours été également impossible de lui parler, de lui écrire, & de lui faire aucun signe qu'elle pût comprendre: Mais jeune, tendre, constant; hâ ! constant à jamais !

je suis plein d'espoir & de certitude. Aussi, je me suis contenté de l'adorer, de chercher à la voir, bien-sûr, qu'en l'aimant de toute mon âme, la sympathie agirait sur son cœur, & que dès que je lui parlerais, elle approuverait mon amour.

D'Azinval, Admirable ! Te voila donc bien sur ?

D'Orbigni. J'ai été jusqu'à faire chanter un soir sous ses fenêtres, par la musique nocturne des orgues-ambulantes, une Romance de ma composition, que j'accompagnai de ma voix.

D'Azinval (*souriant*) : Tous les Amans font espagnols !... Mais ce que tu dis - là est très-philosophique ! Comment donc ! tu viens de raisonner comme un Cabaliste !

D'Orbigni. Je ne sais ce que c'est qu'un Cabaliste ; mais je sens, & c'est la nature qui me le dit, qu'en aimant bien, je serai surement aimé, dès que je pourrai le faire connaître.

D'Azinval (*à-part*) : Il a raison !... (*à D'Orbigni*) : Je connais ta Maîtresse ; je sais quelle est sa retraite actuelle ; mais tu ne saurais la voir à-present : Compte sur deux choses ; que je fonderai son cœur, & que si tu es aimé, j'applanirai bien des difficultés !.... Et que si tu ne l'es pas,... je t'en instruirai.

D'Orbigni (transporté) : Voila mon feul, mon veritable Ami!... Vous ferez adoré, mon Oncle, vous ferez un dieu pour votre Neveu : Je remets entre vos mains mon repos & ma vie. Tranquile, de ce moment, je vais où mon devoir m'appelle : Me voila fur d'être heureux ; je me repose fur vous... Mais tâchez que je la voye aujourdhui ?

D'Azinval. Vous la verrez. Alez.

D'Orbigni. Votre ton eft bien ferieux !

D'Azinval. Vous êtes mon rival.

D'Orbigni. Je fuis ...

D'Azinval. Vous êtes mon rival : Mais foyez tranquile ; fi vous êtes aimé, vous l'emporterez, & je vous cederai Marianne.

D'Orbigni. Non, non, je ne l'emporterai pas ! de tous les Rivaux, vous êtes le plûs dangereux!. Hâ-Dieu !...

D'Azinval. Comptez fur ma parole; elle eft facrée.

D'Orbigni. He-bien, j'y compte .... Mais je n'ai plus d'affurance ; votre merite me l'a ôtée ... (*Il fort affligé : Tandis que D'Azinval le regarde aler, Madem. D'Osier rentre fur la fcène*).

V i Scène.

D'Azinval, Madem. D'Osier.

D'Azinval (penfif) : Voila un incident, que je n'attendais pas !

Madem. D'Osier. Votre Neveu fort tout confterné !

D'Azinval. Je le suis presqu'autant que lui... Mais je lui tiendrai la promesse que je viens de lui faire : S'il est aimé de Marianne, il l'aura, & la moitié de ma fortune sera la dot de ma Pupile .... C'est vous, mademoiselle, que je charge de sonder le cœur de votre Elève : Soyez sûre, que de toutes manières, je serai content : J'aime tendrement mon Neveu !... Hâ ! que n'est-il mon Fils ! un pareil Fils ferait la douceur de mes jours ! Il a les passions vives ; c'est qu'il sent, c'est qu'il a de l'énergie ; il est plûs facile de moderer une âme vive, que d'en creer une à quî n'en-a-pas.

Madem. D'Osier. Je vous rendrai-compte des dispositions de Marianne : Et si elle vous aime, si elle vous prefère ?

D'Azinval (hesitant) : Il faudrait bien alors, que D'Orbigni .... Mais si nous sommes rivaux, il est preferé.

Madem. D'Osier. Et si vous n'êtes pas rivaux ? S'il est parfaitement inconnu ?

D'Azinval. Alors ... je jouirai de mon bonheur... Interrogez Marianne, à l'heure même : De ce cabinet, j'entendrai la conversation, & je me jugerai sevèrement.

Madem. D'Osier. Je vais l'appeler.

VII Scène.

D'Azinval (feul).

Je crois qu'il est écrit, que je ne serai jamais heureux tranquilement !...

VIII Scène.

D'Azinval, Rosalie.

Rosalie (arrivant seule) : Je les quitte ; je voudrais bien vous dire un mot ?

D'Azinval. Parlez, ma Belle ?

Rosalie. Je crois que votre Pupile a un Amant.

D'Azinval. Comment le savez-vous ?

Rosalie. Je viens de le voir par la fenêtre ; & j'ai dit à Marianne : Voila votre jeune Admirateur... Elle a rougi, l'a regardé, a baissé la vue, & m'a dit : —Oui, c'est ce Jeune-homme qui passait si souvent devant les fenêtres de la Pension, & qui nous regardait tant-.

D'Azinval. Lui a-t-il parlé quelquefois chés mad. Clarmont ?

Rosalie. Jamais ... Les voici...

IX Scène.

D'Azinval, Marianne, Madem. D'Osier.

(Rosalie s'éloigne, sur un signe de Madem. D'Osier).

D'Azinval (à Madem. D'Osier) : Une affaire m'appelle : Je vous laisse : une autrefois vous finirez le recit que vous m'avez commencé. *(bas à Madem. D'Osier) :* J'entre dans le cabinet.

X Scène.

Marianne, Madem. D'Osier, (D'Azinval dans le cabinet).

Madem. D'Osier. Ma chère Fille, nous

voila feules : Il faut me parler avec fince-
rité : Soyez fûre que je ne veux que votre
bonheur. Ce Jeune-homme, que Rosalie
vient de vous faire remarquer, le con-
naiffez-vous ?

Marianne. Je le connais peu : On affure qu'il appartient à de riches Parens:
cette affurance, aulieu de m'engajer à l'é-
couter, eft precisement ce qui m'a rendue
inacceffible pour lui. J'ai peu d'experience, ma chère Bonne : Mais la raison
parle de bonne-heure aux Infortunés ; elle
me dit qu'un Jeune-homme aimable, &
que la fortune favorise, ne recherche les
Filles, comme moi, que pour les tromper;
ou que f'il eft fincère, dans l'âge de l'innocence, cet âge ne dure pas longtemps;
celui de la corruption fuccède, & la Fille
credule, qui ne f'aperçoit pas du changement, en eft la malheureuse victime.
La nature m'a donné, avec un bon cœur,
un efprit droit : Je refte attachée à mon
Bienfaiteur ; je ne vois que lui dans
le monde ; la raison le veut, & mon panchant eft d'accord avec elle.

Madem. D'Osier. Mais, fi ce Jeune-
homme était fincère ; que M. D'Azinval
applanît les difficultés, en vous dotant?
qu'il vous mariât enfin?

Marianne. Le Jeune-homme n'a pas
affés d'experience : Bientôt raffasié de fon

bonheur, je le verrais .... rougir de son Choix, me reprocher son abaissement, & s'en venger par le mepris, l'abandon !

Madem. D'Osier. Mais s'il vous aimait solidement ? s'il était vertueux ?

Marianne. Il est trop jeune, & je pre-fère, toutes choses égales, mon genereux Bienfaiteur ?

Mad. D'Osier. C'est.. votre dernier mot?

Marianne. Assurement !

Madem. D'Osier. Reflechissez y. Ce Jeune-homme est trop aimable, pour ne pas vous avoir plu !

Marianne. Je conviens qu'il est aima-ble : Je conviens, que je l'aimerais, si j'étais son égale, & que toutes les conve-nances nous assortissent: Mais il n'en est pas moins vrai, que librement, de moi-même, dans ma situation, je prefère, reel-lement & par goût, M. D'Azinval: Voila une verité, que rien ne peut affaiblir.

Madem. D'Osier. Je vous entens ! Si vous étiez fille de ... M. D'Azinval, par-exemple, & que D'Orbigni vous recher-chât; comme alors vous seriez son égale, que vous ne manqueriez pas à la reconnais-sance que vous devez à votre Protecteur, vous épouseriez D'Orbigni avec plaisir; parce-que vous lui conviendriez ; que vous ne feriez aucun tort à son avance-ment, & qu'il n'aurait pas de reproches à vous faire un-jour : mais, orfeline, fans parens, la raison vous parle affés haut, pour être entendue, & vous preferez un Homme-fait, maître de lui-même, moins jeune, & qui fera plûs fenfible, plûs indulgent à un Enfant non-formé, vertueux, aujourdhui, & dans quelques-années peut-être libertin, ingrat, tiran ? Vous preferez Celui qui ne fe repentira jamais de vous avoir élevée jufqu'à-lui, parce-qu'il ne l'aura fait qu'avec la plûs grande reflexion... Cependant le Jeune-homme ferait aimé, fi toutes les convenances fe trouvaient reünies ?

Marianne. Pourquoi ne l'aimerais-je pas alors ? Ai-je un cœur à l'épreuve du merite, de l'amour & de la bonne-mine ?

Madem. D'Osier. Vous repondez en fille raisonnable, & votre fens m'étonne, à un âge, comme le vôtre !

Marianne. Je vous l'ai deja dit, le malheur eft un excellent maître, furtout quand il eft fuivi d'un bonheur auffi grand que le mien ! L'âme vivement agitée par ces fecouffes, fe replie fur elle-même, reflechit, compare : Aulieu que celle d'une Jeune-perfonne élevée fous les yeux de fes tendres Parens, n'a jamais pu rien comparer : Toujours en fureté, elle n'a fenti que le bonheur.

Madem. D'Osier. O ma chère Fille !...

Oui, vous ferez heureuse, & vous ferez la felicité du plûs genereux, du plûs vertueux des Hommes !

Marianne. Vous ne fauriez croire à quel point je le refpecte & je l'aime ! Voici, en-un-mot, la nature de mon attachement pour lui : S'il le falait, je lui facrifierais fans hesiter, avec plaisir, un bonheur affuré : j'en trouverais un autre, dans ce facrifice, & plûs doux, & plûs pur ; il ferait fans remords.

XI Scène.

Marianne, madem. D'Osier, D'Azinval.

D'Azinval. J'ai tout entendu, ma Fille : je ne voudrais pas furprendre vos fecrets, fans vous en avertir ; Le dernier fentiment que vous venez d'exprimer, eft le mien à votre égard ; je vous facrifierais mon bonheur.

Marianne (lui baisant la main) : Je fuis donc trop heureuse !

D'Azinval. Je vous felicite de votre raison, à l'égard du Jeune-homme : Il eft fous l'autorité d'une Femme trop fière, pour que jamais elle confente à fon mariage avec une Orfeline, ... telle que vous. Pour moi, je fuis mon maître tout dependra uniquement de Vous & de Moi : Examinez votre cœur, d'après le desir que j'ai de faire votre bonheur.....
Je ne vous cache pas que le Jeune-

homme vous aime paſſionnement ; qu'il fera au deſeſpoir, ſ'il vous perd...... Je balance, j'heſite quelquefois : Car ce Jeune-homme-là m'eſt bien cher !

Marianne. Vous le connaiſſez ?

D'Azinval. C'eſt mon Neveu.

Marianne. Votre ... Neveu !... (*ſouriant*) : Ce mot achève de me raſſurer ; voila pourquoi il ne m'était pas indifferent !

D'Azinval. J'entens Quelqu'un......... Rentrez, ma chère Fille ... (*à Madem. D'Osier*). Pour vous, Mademoiselle, rien n'empêche que vous ne reſtiez ; je me debarraſſerai des Importuns, & vous acheverez l'intereſſante hiſtoire de votre Amie .... C'eſt ma Mère !

XII Scène.

D'Azinval, Madem. D'Osier, Mad. D'Ormond.

Mad. D'Ormond (*entre, en regardant avec dedain Madem. D'Osier, qu'elle ſemble chercher à reconnaître : Elle jete ſur elle un regard à chaque mot :*) En verité ... mon Fils ... votre Neveu .... eſt indomptable... On lui avait ordonné de garder ſa chambre... Un Domeſtique.... était chargé de le ſurveiller... Il le renverſe, ſort avec violence, fuit, & l'on ignore ce qu'il eſt devenu.

D'Azinval. Il eſt vif ; il eſt amoureux ; la Jeune-perſonne eſt charmante....... Il ſort d'ici, ma Mère.

Mad. D'Ormond. Le soutiendrez-vous dans ses écarts !

D'Azinval. Non , ma Mère ! il a tort.

Mad. D'Ormond. Vous avez vu cette... petite Creature ?

D'Azinval. C'est une Fille bien élevée chés une Femme de condition, que des malheurs...

Mad. D'Ormond (*avec dedain*) : Une Fille-de-modes !

D'Azinval. Elle ne l'a jamais été reellement ! Sa Maîtresse tient une pension, & l'on y travaille ... en ouvrages de Femmes : Faudrait-il que de jeunes Elèves restassent oisives ?.. Je vous assure, madame, que la Jeune - personne vous interesserait : Elle n'est pas sans fortune : elle aura ... cent-mille écus.

Mad. D'Ormond. Elle est donc cent-mille fois plûs meprisable que je ne me l'imaginais.

D'Azinval. Madame ! elle a des mœurs.

Mad. D'Ormond. Et elle a gâgné cent mille-écus à faire des modes ! Vous êtes pour elle, mon Fils.

D'Azinval. Non, madame : Un Protecteur ; un Homme riche & de bonnes-mœurs, qui prit soin d'elle dès l'enfance, la dotera, s'il se presente un digne Parti.

Mad. D'Ormond. Un Protecteur donnera ... cent-mille écus !...

D'Azinval. Cette forte dot eſt la preuve la plûs certaine de la pureté de ſa conduite & de ſes motifs.

Mad. D'Ormond. Je n'examine pas ce qui m'intereſſe peu, & j'en ai trop dit là-deſſus. Mais ſi une Fille-de-modes peut avoir un Bienfaiteur, le Petit-fils de mad. D'Ormond ne doit point en avoir : C'eſt une honte, c'eſt une tache ; & vous ſavez, mon Fils, que je ne ſuis pas femme à ſouffrir qu'on ſ'en couvre, dans ma Famille. La nature, & l'éducation m'ont donné une âme haute & fière : & plût-à-dieu que toutes les Femmes de cette grande Ville l'euſſent comme moi! l'on n'en verrait pas tant ſ'avilir, ſe deshonorer ! Cette fierté que la nature m'a donnée, doit me ſervir à conſerver la pureté du ſang & de l'honneur dans ma Famille : j'en ſuis lá ſurveillante & la depoſitaire ; parce-que Chacun doit compte à la nature de l'emploi de ſes talens. Je dois plûs qu'Une-autre, ſi j'ai plûs de lumières. Voila mes principes, mon Fils : Vous les connaiſſez, vous qu'ils ont autrefois contrarié ?

D'Azinval. Je les approuve & les admire, ma Mère : Cependant, quand vous connaîtrez le Protecteur de la Jeune-perſonne qu'aime D'Orbigni...

Mad. D'Ormond. Vous êtes pour elle, mon Fils, je le repète. *D'Azinval.*

D'Azinval. Malgré ce que je viens de dire, je vous protefte, madame, que je defirerais que D'Orbigni n'y fongeât plus.

Mad. D'Ormond. Venez donc avec moi, & parlez-lui de manière à lui faire entendre raison ! J'étais plûs forte avec mes Fils qu'avec cet Enfant ! ..... Mais fi D'Orbigni laffe ma patience, je lui ferai voir jufqu'où f'étend l'autorité d'une Mère, quand elle a une âme ferme.

D'Azinval. Je fais, ma Mère, à quel point le fut toujours la vôtre ; mais qu'en-même temps votre âme maternelle eft fi tendre, qu'on ne peut vous accuser de dureté : Dans le plûs fort de ma douleur, les fentimens qu'exprimait une lettre que vous m'aviez écrite, m'infpirèrent tant de veneration & d'attachement, que je vous adorais, en gemiffant d'une feparation dechirante.

Mad. D'Ormond. Mon Fils, il exifte, entre une Mère & fes Enfans, un rapport fecret, qui leur rend communs les fentimens : vous avez fenti tout ce que je voulais que vous infpirât cette Lettre, dont vous me parlez : mais ce rapport f'affaiblit avec les Petits-enfans : J'étais plûs forte, comme je le disais, & plûs fûre avec vous, qu'avec D'Orbigni.

D'Azinval. C'eft que nous vous devons davantage, ma Mère.

Mad. D'Ormond. Hà ! monsieur D'Azinval ! comme vous me resistates, cependant !

D'Azinval. Je ne vous en honorais pas moins : J'étais entraîné.

Mad D'Ormond. A-propos, cette Femme chés quî l'on m'a dit qu'est-la petite Creature, n'a-t-elle pas une Fille ?

D'Azinval. Non, ma Mère ; c'est une Parente, fille d'un Chevalier-de-S.-Louis.

Mad. D'Ormond. Mais la Maîtresse-depension n'est-elle pas l'épouse d'un Cadet de Normandie, qui s'est mesallié, est mort pauvre, & l'a laissée dans le besoin ?

D'Azinval. Dans le besoin, non : Mad. De-Clarmont, honnête, sensée, accoutumée à un travail utile, a continué sa vie ordinaire, mais avec plûs de distinction qu'auparavant.

Mad. D'Ormond. Je croyais dabord que c'était la Parente de cette Femme qu'aimait D'Orbigni : j'aurais-vu alors : Car elle est bien demoiselle.

D'Azinval. Il est vrai, ma Mère !

Mad. D'Ormond. La naissance, quand on a du bien, est beaucoup à considerer !

D'Azinval (souriant) : Vous ne craignez donc pas, ma Mère, pour vos Fils, le sort des Dandins ?

Mad. D'Ormond. Je pense tout le contraire : Une Fille-de-condition, bien élevée, est toujours bonne épouse, à-moins qu'elle n'ait pris un triple Sot. Plûs la Famille d'une Epouse est relevée, plûs cette Epouse est environnée, & plûs elle a d'appuis qui la retiennent dans la bonne route; ce sont autant de garans de ses mœurs & de sa fidelité. (*Elle l'enmène*).

D'Azinval (*en marchant*): J'admire tout ce que vous dites, & tout ce que vous pensez ! Puissé-je, ô ma respectable Mère ! vous faire oublier à l'avenir les imprudences de ma jeunesse !

Fin du troisième acte.

Quatrième Acte.
1 Scène.

Madem. D'Osier, Marianne, Rosalie, Le Vieillard (*entrant tous ensemble*).

Le Vieillard. Qui m'aurait dit, que je retrouverais ici ma Fille, dans Une autre elle-même ! O Providence ! je vous adore !

Mad. D'Osier. M. D'Azinval ne revient pas !... Je crains que son Neveu ne lui cause bien de la peine !

Le Vieillard (*à Marianne*): Ma Fille, je crois que vous pouvez beaucoup sur l'esprit de ce Jeune-homme !

Rosalie (*vivement*): Ma Mère dit, qu'une Maîtresse bien-aimée peut tout sur l'esprit de son Amant, excepté de l'empêcher d'aimer... Cependant, elle peut adoucir sa douleur.

M 2

Marianne. C'eſt ce que je ferai volontiers, ſi M. D'Azinval le juge à-propos.

Madem. D'Osier Vous vous ſentez de la compaſſion pour lui ?

Marianne. Ce n'eſt pas... tout-à-fait le mot : Un Jeune-homme comme M. D'Orbigni n'eſt pas à plaindre.

Madem. D'Osier (ſouriant): Je le crois, ma Fille, ſi vos ſentimens l'intereſſent.

Rosalie. Mais il l'ignore !

Madem. D'Osier. Je le crois bien !

Rosalie. Il n'a jamais parlé à Mademoiſelle (*montrant Marianne*): Vous rappelez-vous ſa jolie romance, mademoiſelle Marianne ?

Marianne. Bien-peu !

Rosalie. Je vais chanter ; ſuivez-moi.

Quel embarras, quel trouble,
Se gliſſe dans mon cœur !
Se gliſſe dans mon cœur !
Quand je vo's mon Vainqueur !
Hâ ! ſans ceſſe il redouble ,
Et c'eſt ſa beauté qui me trouble !
Hâ ! ſans ceſſe il redouble ,
Quand je vois mon Vainqueur.

Quand je vois mon Vainqueur ,
J'admire ſa douceur !
Pourquoi donc l'amertune
Qui me devore & me conſume ,
Pourquoi donc l'amertume
De ma tendre douleur?

De ma tendre douleur,
Qui vient de sa rigueur ?
Si ses yeux m'en delivrent,
D'amour, de gaité je suis ivre,
Quand ses yeux me delivrent
De ma tendre douleur.

Pour être au rang des Dieux,
Il faudrait qu'à nous-deux
Nous ne fissions qu'une âme,
Ayant même amour, même flâme,
Que nous n'eussions qu'une âme,
Nous animant tous-deux.

Que je serais heureux !
Si dans les mêmes lieux
S'écoulaient nos journées,
Et que nos heures fortunées
Ne nous fussent données,
Que pour nous aimer mieux !

En couronnant mes feux,
Chèr Objet de mes vœux !
C'est un charmant système !
Tu fais ton bonheur à toi-même :
C'est un charmant système
De partager mes feux !

Marianne (*laissant échapper des larmes qu'elle veut devorer*): Oui ! oui ! C'est bien cela !

Le Vieillard. Cela est touchant !

Madem. D'Osier (*à Marianne, qui lui tend la main*): Hâ ! ma chère Fille !

vous avez l'âme fenfible de votre Mère, avec plûs de raison ! Je vous en felicite : Soyez toujours auffi prudente, & vous ferez heureuse !

Marianne (avec un mouvement de joie franche). J'entens une voiture ! C'eft M. D'Azinval !

Rosalie (quittant le claveffin, & courant à la fenêtre) : C'eft lui-même.

Madem.ᵉ D'Osier. Mes chères Filles, laiffez-moi feule avec lui : J'ai à lui dire quelque-chose, que des obftacles imprevus ont toujours retardé.

(Elles fortent, ainfi que le Vieillard).

ɪɪ Scène.

Madem. D Osier, D'Azinval.

D'Azinval. Je fuis reellement embar-raffé ! D'Orbigni n'entend pas raison : Il a bravé l'autorité de ma Mère, de fon Père, de fon Ayeul, & ce qui m'a furpris, en m'affligeant beaucoup, il a prefqu'employé les mêmes termes dont je me fuis autrefois fervi, dans une cir-conftance pareille!... Je connais les droits des Pères : plûs j'approche de l'inftant du mariage, plûs ils me paraiffent facrés .....
Mais comment faire le malheur de mon Neveu, en épousant Celle qu'il aime !

Madem. D'Osier. Quand il faura tout, il penfera comme il convient.

D'Azinval. L'amour trouve-t-il des

raisons bonnes contre lui-même? Non,
non! le bonheur de ma vie eſt empoisonné! D'un côté, je ſuis attaché à Marianne par des liens ſi forts, que je ne puis
ſupporter l'idée de m'en ſeparer : De l'autre, la paſſion de mon Neveu D'Orbigni
m'épouvante......... Nous l'avons laiſſé
ſeul un inſtant, avec ordre de nous
attendre : à - peine avions - nous tourné le dos, qu'il ſ'échappe, & ſ'élance
dans la rue....... Je ſuis vîte accou-
ru ici, ne doutant pas qu'il n'y vienne !... Je n'emploierai, je ne puis employer que la douceur : mais il ſait que je
ſuis ſon rival ... Ce caractère emporté ne
reſpectera rien : peut-être ſe portera-t-il
aux plûs fâcheuses extremités!.. Si ... je
fesais ſon bonheur... Mais non; c'eſt l'impoſſible... J'ai voulu ſonger à Rosalie;
elle eſt aimable, elle a de la naiſſance, &
même quelque fortune : elle paraît ...
avoir ... dumoins je l'ai penſé... un certain panchant pour moi: Mais un coup-
d'œil de la touchante Marianne efface
de mon cœur toute autre image; & je me
trouve alors comme un Homme qui ſort
d'un rêve penible...

Madem. D'Osier. Je ſens combien D'Orbigni ſerait un parti avantageux pour la
chère Fille : mais rien ne peut, à mes yeux,
vous remplacer pour elle; ſi elle n'était

pas neceffaire à votre bonheur, vous feriez neceffaire pour le fien : Reftez attaché à votre idée de l'époufer : Marianne,
jeune, fans Parens, fans appui, a befoin
d'un Mari qui lui tienne lieu de Père, de
Mère, de toute une Famille ; & ce n'eft
pas un Jeune-homme qui fera tout-cela.
Je vais achever mon recit ; il vous deci-
dera peut-être.

D'Azinval. On accourt : Qu'eft-ce ?

Madem. D'Osier (regardant) : C'eft...
Marianne ... Rosalie la fuit !...

III Scène.

D'Azinval, Madem. D'Osier,
Marianne, Rosalie.

Marianne. Nous étions dans le jardin :
Un Jeune-homme en desordre, attaché à
la grille, nous confiderait : Tout-à-coup
il y monte, parvient au haut, & f'élance
vers nous. Jugez de notre furprise ! nous
nous fommes enfuies tremblantes.

Rosalie (à D'Azinval) : Je crois, Monfieur, que c'eft ce Jeune-homme.... vous
favez ?... J'avais envie que nous l'atten-
diffions : nous étions deux : j'ai même
obfervé, qu'il a ralenti fa courfe, quand
il nous a vues fuir... Mais le voici... Entendez-vous, entendez-vous ?

IV Scène.

Les Mêmes : D'Orbigni.

D'Orbigni (en-dedans) : Je veux parler à mon Oncle.

Un Valet. Monſieur, permettez que je vous annonce.

D'Orbigni. Non ! non !

Le Valet. Vous n'en ſerez pas le maître. (*Le Valet paraît*). Monſieur votre Neveu, monſieur. (*Les Jeunes-perſonnes rentrent*).

v Scène.

D'Azinval, madem. *D'Osier*,
D'Orbigni.

D'Orbigni ſe precipitant dans le ſalon). Vous l'avez, mon Oncle ! Elle eſt chés vous !

D'Azinval. Monſieur.! ce procedé...

D'Orbigni. Ecoutez-moi ; je vous en prie !... Je ne reconnaiſſais-pas votre demeure, en entrant par le jardin ; vous habitez cette maison depuis trop peu de temps : Je paſſe ſur le boulevard, au deseſpoir, ne ſachant où j'alais : deux Jeunes-beautés prenaient l'air ſur la tetraſſe : Je les voyais de loin, & ſans les connaître, j'étais attiré comme par un aimant vainqueur. Elles deſcendent. Je vole à la grille, & je les vois dans une alée. Je reconnais Marianne & Rosalie !... Je treſſaille. Je monte à la grille, les barreaux euſſent-ils été rouges, j'y ſerais monté : Je me precipite dans le jardin : Elles m'aperçoivent ; elles fuient ... Mais elles étaient ici, & ſans un maudit Valet, je les trouvais auprès de vous, dans ce ſalon ?

D'Azinval. Mon Ami, je veux bien excuser ta vivacité: mais tes procedés font fort étranges! Il ne faut pas fe permettre ainfi de manquer à tous les égards! Tu ne favais pas que ce fût chés moi! (& quand tu l'aurais-fu? mais tu ne le favais pas), & tu efcalades la barrière, qui fait à tout Citoyen un asile de fa maison! Manquer aux procedés, c'eft être prêt du crime; c'eft en chercher l'occasion...

D'Orbigni. Mon Oncle! je vous en fupplie, dites moi ce qu'elle eft devenue?

D'Azinval (montrant Madem. D'O-sier): Voila fa Mère: Elle eft auprès d'un Vieillard refpectable, fon père: c'eft d'eux qu'il la faut obtenir.

D'Orbigni (baisant la main de fon On-cle, & fe mettant aux genoux de Madem. D'Osier): Madame, ma vie eft entre vos mains: Daignez me donner de l'efperance!

Madem. D'Osier. Ce n'eft pas vous, Monfieur, qui devez me demander ma Fille; c'eft Mad. D'Ormond; c'eft M. De-Bonne votre Père; c'eft votre Ayeul; c'eft votre Oncle. Alez; & ne reparaiffez de-vant moi qu'avec vos Parens. Je verrai alors, fi je dois écouter leurs propositions.

D'Orbigni. Je fens, Madame, que vous avez droit de me parler comme vous le faites: Je vous obeïs avec refpect... (*à fon Oncle*): Vous qui m'aimez, &

qui m'êtes auffi chèr qu'un Père, Monfieur D'Azinval, intereffez-vous pour
moi! Oui, je fais que vous pouvez tout
pour mon bonheur, & je fens que j'aurais
autant de plaisir à vous le devoir, qu'à en
jouir ... (*à Madem. D'Osier*): Madame,
je retourne chés mes Parens: Je fuis à-
jamais le Fils le plûs foumis, fi je ne fuis
pas le plûs malheureux des Hommes. (*Il
fort lentement*).

VI Scène.

D'Azinval, Madem. D'Osier.

Madem. D'Osier. Il eft intereffant!

D'Azinval. Je ne puis trouver de fermeté contre lui; je l'aime comme un Fils.

Madem. D'Osier. Malgré fon étour-
derie, croyez qu'il n'eft pas un Ingrat.

D'Azinval. Il a le cœur excellent! ....
C'eft tout mon caractère... Sa Mère le
portait, dans le temps, qu'enivré d'amour
je penfais, j'agiffais, j'étais comme vous
voyez qu'il eft aujourdhui.

Madem. D'Osier. C'eft ce qui vous le
fait aimer avec plûs de force.

D'Azinval. Nous fommes tranquiles
enfin, & les inftans font precieux.

Madem. D'Osier. Je vais achever.

D'Azinval. Le commencement de votre
recit m'a vivement intereffé; j'en desire
ardemment la fuite !........ Vous en étiez
à l'arrivée de cette Compagnie de Mafques,

à quî l'on fut d'avis de permettre d'entrer dans la fale du bal.

Madem. D'Osier. Precisement.

»Les Mafques fe conduifirent avec une politeffe & des égards, qui furent reciproques. Un d'eux, parfaitement bien fait n'abandonna pas mon Amie, qu'il paraiffait avoir deja vue : Ce fut avec elle-feule qu'il danfa : J'ignore fi, par un effet de cette fympathie, dont je n'avais encore vu les coups extraordinaires que dans les Romans, Laurence fut tout-d'un-coup touchée pour lui ; mais elle deploya mille grâces nouvelles.

D'Azinval. Votre Amie fe nommait?

Madem. D'Osier. Laurence : j'ai dit fon veritable nom….. —Pour le Jeune-homme, fes mouvemens paffionnés frappèrent tout le monde, & je crois qu'à l'exception de moi-feule, il n'y eut Perfonne qui ne penfât que cette Compagnie était venue pour Laurence, dont on f'imagina que ce Mafque fi bien fait était l'Amant.

D'Azinval (avec alteration): Dans quelle rue était ce bal?

Madem. D'Osier. Rue *de-Verneuil.*

D'Azinval. Continuez, mademoifelle : Votre recit m'intereffe infiniment plûs que tantôt.

Madem D'Osier. »Lorfque le Mafque fortit, j'obfervai les regards de ma Jeune-Compagne : Ils fuivaient l'Inconnu. Après son depart elle devint rêveuse : Je lui en fit la guerre : Elle dit qu'elle était fatiguée, & nous nous retirames. Deux mois s'écoulèrent : Un matin, j'entrai dans la chambre de Laurence : La Fille qui nous servait, me dit que mon Amie était sortie depuis deux heures. Je fus très-surprise ! Laurence rentra dans ce moment : J'attendais qu'elle me fît part des affaires qu'elle avait eues. Elle garda le silence. J'avouerai que sa reserve m'inquieta ! mais je l'aimais pour elle-même ; je m'abstins de l'interroger... Le hasard me mit dans sa confidence malgré moi. Deux jours après, Laurence étant encore sortie de grand matin, j'alais pour l'embrasser, quand j'aperçus à terre un papier roulé, que je lus sans dessein : Le voici ; je l'ai conservé :

D'Azinval. Voyons, mademoiselle ! (*Il lit, se trouble, lève les yeux au Ciel, & se contient à-peine*).

Madem. D'Osier. Lisez vous même.

D'Azinval (d'une voix mal assurée) :
»*Nous, soussignés, promettons devant Dieu, & dans notre conscience, de nous prendre pour mari & femme, dès que les circonstances nous le permettront : nous prions le souverain Maître de toutes choses, d'accabler de sa colère Celui ou Celle de nous-deux qui violera cette promesse sacrée, qu'aucun pouvoir humain, aucune cause, aucun motif, quels qu'ils soient,*

ne pourront invalider, & qui devient obli-
gatoire, sur notre honneur, & sur notre
salut éternel.

»*En-consequence, moi Augustin-Ar-*
mand.......... je m'engage dès aujourdhui
à ne vivre que pour Marie Guisland, que
je regarde comme mon épouse, & la com-
pagne de mon sort à-jamais.

signé, *Augustin-Armand.*

»*Et moi, Marie Guisland, je m'en-*
gaje pareillement à considerer, toute ma
vie, comme l'Epous auquel je me suis don-
née, comme mon Maître & mon unique
Ami, Augustin-Armand......... Je con-
sens qu'il jouisse dès ce moment des droits
attachés à ce titre saint, que mon cœur
lui donne en secret, en attendant que je
puisse l'avouer à la face des autels, &
que le Ministre sacré reçoive & confirme
nos sermens. signé, *Marie-Guisland.*

Grand-dieu!   (*Il reste concentré.*)

Madem. D'Osier (*continuant*):   Je
fus encore plus surprise que vous ne l'êtes,
monsieur, à la lecture de ce fatal écrit:
»Ces mots surtout, *Je consens qu'il jouisse*
dès ce moment des droits attachés à ce titre
saint, ces mots me causèrent les plus vives
alarmes! —Imprudente Amie! (m'ecriai-
je) on t'a seduite, trompée! que ne m'as-
tu ouvert ton cœur!... Mais ton Seducteur a su l'empêcher! d'insidieuses pro-

meſſes ont retenu les marques de ta confiance en moi! Hâ! ma chère Laurence
eſt perdue-!... Et je pleurais des malheurs
que j'ignorais encore!... Elle rentra enfin, cette Victime infortunée de la perfi-
die du plus ingrat de tous les Hommes,
& je laiſſai tomber à mes piéds l'écrit que
je venais de lire.

»J'avais cru l'amitié de Laurence diminuée;
mais l'effroi que lui causèrent mes larmes,
ſon inquiétude, ſes careſſes me prouvèrent
que malgré ſa reserve, elle m'aimait toujours. Interdite, éperdue, elle employait,
à me conſoler, ces manières careſſantes auxquels on ne pouvait resiſter. —Qu'eſt-il
donc arrivé, me disait-elle? ai-je à pleurer quelque nouveau malheur? —Mon
Amie (lui repondis-je), un inſtant avant
que tu rentraſſes, j'ai cru te voir dans le
plûs grand danger. —Sans-doute (reprit-
elle), c'était un ſonge? —Hâ! mon Amie!
(repris-je), j'en mourrais, ſi c'était une
realité-! Elle me regarda, en ce moment
d'un air d'indecision & de ſurprise: Je
vis l'inſtant où elle alait parler. Quelqu'un entra, & je fus temoin du trouble
que Laurence ne put cacher, lorſqu'elle
aperçut à terre le papier que j'avais-lu.
Elle le ramaſſa, diſparut un inſtant, & revint avec un air plûs ferein... Lorſque nous
fumes ſeules, le moment de confiance

était passé. Cependant helas ! était-il temps encore de lui faire éviter sa perte !

»Quelques jours après, je vis un matin rentrer mon Amie les yeux humides & le cœur gros de soupirs. Je ne la quittai plus ; mais elle garda le silence.... Dans la journée, elle écrivit deux lettres : elle reçut les reponses le lendemain : Elle me regarda, & me dit, *Voila mon arrêt.* Dès la première ligne, elle jeta un cri, laissa tomber la lettre, & s'évanouit. Je l'ai conservée aussi, cette lettre fatale : Lisez-la, je vous prie.

D'Azinval (avec le geste de la surprise & de la douleur :) Je connais l'écriture... *(Il lit) :*

»*Je ne sais comment vous avez osé vous familiariser avec mon Fils ! étant ce que vous êtes, le vil panchant au libertinage a pu seul vous guider. Mais, que dis-je ! la source du sang qui coule dans vos veines est impure, & vous n'en dementez pas la bassesse ! Mon Fils va de lui même reconnaître sa faute. C'est pour jamais qu'il va s'éloigner d'une Fille, moins dangereuse par quelque beauté, que par un esprit intrigant & fourbe sans - doute. Oubliez-le, quelque sujet que vous pretendiez avoir de vous en souvenir : ni sa Famille, ni lui, ne seront les dupes de vos fausses vertus. C'est vous en dire assés.*

Quel écrit !

Madem. D'Osier. Voici la seconde lettre: Elle est d'une Femme qui avait loué une chambre au Seducteur.

D'Azinval (la prend regarde la signature, & lit quelques lignes):

»*Nous sommes perdues toutes - deux, Mademoiselle: la Mère de votre Mari a decouvert....* Je ne saurais achever.

Madem. D'Osièr. Je vais lire.

» *a decouvert votre commerce je ne sais comment; mais tant y a, que cette terrible Femme s'est mise dans une si furieuse colère, que le Père de Monsieur, pour l'appaiser, a promis de faire serrer son Fils: Mais oui, & il y était! & c'était bien là ce qu'elle voulait! Elle a pretendu que, vu-Dieu-vu-le-Diable, il falait que Monsieur se mariât avec une Demoiselle Clopinet. Et on dit que Monsieur n'a pas voulu en entendre parler. Et sa Mère a juré qu'elle l'envoyerait à Missipipi, à Canada, je ne sais où. On a cru dans la maison que c'était une menace en l'air: mais non, par-la-mardi! car cette nuit on est venu l'enlever; & on dit qu'on l'a emballé dans une chaise, que des Habillés-de-bleu étaient tout - à - l'entour, & que quand on l'a pris, ils ont dit: De-par-le-Roi. C'est bien triste pour lui & pour vous, Mademoiselle! Et quant à moi, on m'a terriblement mal-menée: la Mère de Monsieur m'a mandée, & m'a traitée comme la dernière des Miserables. Dès que j'ai pu m'évader, je n'ai pas demandé mon reste ; mais je n'ose retourner chés moi ; car je crois avoir entendu qu'elle parlait de me faire renfermer entre quatre murailles : elle a les bras longs ! &-puis, qui songerait à moi, quand je serais claquemurée ? Je ne veux pas seulement vous aler voir, crainte qu'elle n'en ait vent : cette Femme-là fait tout, voyez-vous, Mademoiselle ! & je vous conseille de vous cacher aussi, car elle pourrait bien vous garder un plat de son metier. Ces Gens-riches vous font renfermer le pauvre monde, comme on met un Merle en cage. J'ai l'honneur d'être,*

Votre très-humble servante,

femme Bonnichon.

D'Azinval (à demi-voix) : Infortunée ! que vous dutes souffrir !

Madem. D'Osier. »Pendant longtemps, je n'osai compter sur la vie de ma Compagne : Il ne lui échappait que des gemissemens..... Il ne me vint pas alors dans l'esprit d'imaginer d'autre cause du derangement de sa santé, que son desespoir : mais lorsqu'elle fut convalescente, je m'aperçus ... qu'elle devait être mère......

D'Azinval (se soulevant avec vivacité) : Et ce fut dans cet état, qu'en proie à la

douleur, fans espoir de consolation.....
Quelle épreuve , ô grand Dieu !

Madem. D'Osier. »Je lui fis connaître
fon état, & je l'en consolai. Elle m'écouta,
mais c'était un effort de raison... Elle donna le jour à une Fille, belle comme fa Mère, à cette Marianne, qu'a recueillie votre
genereuse bonté !... Sa Mère, ... en la
voyant... Vous mêlez vos larmes aux
miennes, monsieur ; votre belle âme est
toute fensibilité,... Sa Mère, en la voyant !
la prit, la preffa contre fon fein, l'arrosa
de fes pleurs, & comme f'il eût été poffible qu'elle en fût entendue, elle lui dit :
—Chère Enfant, dis un-jour à l'Ingrat
qui m'a abandonnée, dis à ton Père, fi
jamais le Ciel permet que tu le voyes, que
j'expire en l'adorant... Hâ ! puiffe t-il
reparer avec toi les torts qu'il eut avec ta
Mère... Mais ! peut-être qu'un-jour fon
fang, fa Fille tendant vers lui fes mains
innocentes, pour en obtenir le pain de
l'aumône, f'en verra rebutée !...

D'Azinval (*f'écriant*) : Ceffez !
ceffez ! cette image me dechire le cœur !

Madem. D'Osier. Je finis. »Laurence
expira..... Je pris foin de fa Fille : Les Ennemis de fon Père le furent ; ils m'accusè-
rent d'être depositaire de la fortune de cet
infortuné Vieillard : Je fus traînée en prison, & ruinée, avant de pouvoir prou-

ver mon innocence. Pendant ma deten-
tion, la Nourrice ne fut pas payée ; elle
donna Marianne à la Femme qui la fesait
mandier, & chés quî vous l'avez trouvée.
Quand j'eus recouvré ma liberté, je la
cherchai en vain. C'eſt vous qui me l'a-
vez rendue : Jugez combien je dois vous
honorer & vous cherir !... Sans vous, les
predictions d'une Mère expirante ſ'accompliſſaient ſur cette deplorable Enfant !....

D'Azinval (*concentré*).   Hâ - ouï !
elles ſ'accompliſſaient ... elles ſ'accompliſſaient à la lettre... Quel recit ! ... &
pouvais-je m'y attendre !.... Non, mademoiselle, non, vertueuse Amie de
Laurence, je ne ſaurais vous exprimer
combien ce que vous venez de m'apprendre, me cause de ſurprise, de joie, & d'a-
mertume tout enſemble !...

VII Scène.

Les Mémes : Marianne.

Marianne (*entrant timidement : à D'A-
zinval*) : Qu'avez vous ? monſieur, je
viens d'entendre vos cris !... Auriez-vous
quelque peine ?..... Ma chère Bonne a-t-
elle appris quelque - chose qui vous ait
chagriné...?

Madem. D'Osier. Je parlais de votre
Mère.

Marianne (*avec une vive émotion*) :
De ma Mère !

Madem. D'Osier. Oui. Je racontais à votre Protecteur, que vous l'aviez perdue en naissant.

Marianne (tendant les mains vers D'Azinval): C'est en naissant que j'ai perdu ma Mère !... Et je n'avais deja plus de Père !

D'Azinval (s'écriant): Vous avez un Père, ma Fille !

Madem. D'Osier. Ma chère Enfant ! quels que soient ses torts envers votre Mère, il ne vous est pas permis de le haïr !

Marianne (vivement): Moi le haïr ! hâ ! qu'il paraisse, & tout mon cœur est à lui !

D'Azinval. Il vous mettra peut-être bientôt à l'épreuve !

Marianne. Le connaîtriez-vous !

D'Azinval. Lorsque j'étais en Amerique, il y était aussi : Nous ne nous sommes pas quittés.

Marianne (se jettant dans ses bras): Oui, c'est à vous que le Ciel veut que je doive tout ! Hâ ! si je retrouvais mon Père, il ne pourrait m'être plûs cher que vous !

D'Azinval (se couvrant le visage): Rentrez ma Fille, auprès de votre Amie, que votre absence laisse seule : vous êtes la maîtresse de la maison où je suis le maître, & vous devez en faire les honneurs. *(Marianne lui baise la main & se retire).*

VIII Scène.
D'Azinval, Madem. D'Osier.

D'Azinval. Votre recit met fin à toutes mes incertitudes : je puis à-present ramener le bonheur & la joie au sein de ma Famille : Tout le monde sera content.

Madem. D'Osier. Il m'est bien doux, à moi qui vous dois tant...

D'Azinval. Non, mademoiselle, vous ne me devez rien ; c'est moi, qui vous doit tout.

Madem. D'Osier. Homme genereux ! votre cœur magnanime fait le bien par goût... Quel autre motif pourrais-je donner aux soins que vous avez pris de moi ?

D'Azinval.. C'est une dette que je payais : j'ai faiblement rempli envers vous, le plûs saint de mes devoirs.

Madem. D'Osier.. Vous ! envers moi, des devoirs !

D'Azinval. Il faut me decouvrir enfin..... Jugez de l'effet qu'a - produit sur moi l'histoire de Laurence, de cette Fille, dont vous futes l'Ange tutelaire !... Cet Amant cru perfide, qu'écouta votre Amie, qui l'adorait, qui l'épousa, qu'on separa d'elle, qu'on envoya sous un autre hemisphère, que la douleur accâbla, mais jamais le remords, vous le voyez ; & Marianne est ma fille !

Madem. D'Osier (éperdue). Laissez-moi

respirer... O Providence de mon Dieu !...
Marianne ... son Père ... son ... Protecteur ...
son Appui ... son Sauveur & le mien !....
Qui ne reconnaîtrait ici le doigt du Conservateur de toutes les Creatures !... Mais,
comment, vous aujourdhui si genereux,
avez vous abandonné votre Amante,
votre Epouse?....

D'Azinval. Moi! l'avoir abandonnée !...
Pouvez-vous le penser?... Mais je dois
vous paraître coupable ; je le sens : Sachez
donc que je fus enlevé, sur un ordre du
Prince , obtenu par une Mère ... qui
croyait n'avoir pas d'autre moyen de me
faire éviter ma perte & mon deshonneur !
Je fus conduit en poste à Bordeaux ; embarqué dès le lendemain : Recommandé
au Gouverneur de la *Louisiane*, je n'eus
pas le pouvoir de faire parvenir mes lettres
en France; mais je l'ignorais. Dans le
deffein de me faire un sort independant ,
je commerçai, avec les fonds qu'on m'avait remis : je voulais partager quelque
jour ma fortune avec Laurence..... Je
reüffis ; tout me profpera. Enfin , je
revins en Europe, aubout de huit-
ans d'absence. Ce fut huit-jours après
que je rencontrai ... ma Fille : J'avais bien
vu des Infortunés : mais Aucun m'infpira-t-il jamais la moitié des fentimens que
j'éprouvai à la vue de Marianne?... Vous

favez le refte... Dans la fuite, j'attribuai mes difpofitions à l'amour ; mais votre recit vient de m'en decouvrir la veritable fource ; c'eft le plûs doux de tous ; celui que je prefère à l'amour-même ; c'eft la tendreffe paternelle !

Madem. D'Osier. Non ! vous n'êtes point coupable !... Hé ! pouviez vous l'être !.... Mais que vous futes malheureux !

D'Azinval. Je cours chés mes Parens. D'Orbigni eft au desefpoir ..... ma Mère elle-même fouffre... Hâ ! fi vous connaiffiez ma Mère ! C'eft le cœur le plûs fenfible, malgré fa fierté, malgré le mal que cette fierté nous a fait..... Voici une Lettre ; je vous la laiffe ; elle eft de ma Mère ; lisez-la feule pendant mon abfence ; remettez-la enfuite à ma Fille... Dites-lui de preparer fa musique : A mon retour je lui donnerai fa leçon ordinaire. Je ne voulais pas qu'Un autre fût fon maître de chant ; cela tient trop à l'amour ... mais ... je fuis fon Père ! Quel bonheur inattendu !... D'Orbigni me remplacera... (*revenant*) : Gardez encore le filence avec elle...

Madem. D'Osier. Elle ne doit apprendre fon bonheur que de votre bouche.

D'Azinval. Je ne ferai dehors qu'un inftant : D'Orbigni m'inquiete, & je ne verrai que lui.

Fin du quatrième acte.

Cinquième

Cinquième Acte.

1 Scène.

Marianne (arrivant avec Rosalie, une Lettre à la main & se plaçant auprès d'un pupitre chargé de musique): Voila une singulière lettre que ma Bonne m'a remise! Que signifie-t-elle? J'ai commencé à la lire, & j'ai entrevu qu'une Mère y grondait son Fils... Ce n'est pas à M. D'Orbigni qu'elle est adressée ... Cela ne se peut pas!

Rosalie. Voulez-vous que nous la lisions nous deux?

Marianne. Oui, ma Bonne-amie.

Rosalie. Elle est ancienne! (*Elle lit*) ⸻ *Vous êtes le seul coupable, & l'on ne punit que vous, monsieur. Pourquoi m'en prendrais-je à une Fille jeune & sans experience, en qui l'amour, & l'espoir d'un établisse...ent avantageus, ne pouvaient qu'élever le desir de vous fixer? Je me suis contentée de lui ôter jusqu'à la plus legère esperance; encore, ne l'ai-je fait qu'avec peine, & contrainte par la necessité: Je l'aimais... Quant à la Miserable qui vous a servi, je dedaigne trop une Femme de cette trempe, pour m'abaisser jusqu'à lui procurer le salaire que demanderait le digne usage qu'elle fait de sa maison-garnie. Mais le Prêtre... est un scelerat presqu'aussi coupable que vous....*

il eſt en lieu ſûr, & les apparences de vertu dont il ſ'envelope, ne le deroberont pas
au châtiment qu'il merite...

Et vous, Ingrat, & vous !..... Mon
cœur eſt dechiré... Va, Malheureux, ſans
ton Frère qui me conſole,..... ſi je n'avais
donné le jour qu'à toi,....... tu ſerais à
ma place, & je ſerais à la tienne : oui,
c'eſt moi-même, qui me punirais par
l'exil,..... en alant me cacher dans les
deserts ſauvages du Nouveau-monde,
de t'avoir élevé de-manière, à n'être
pas reſpectée, obeïe ; à n'avoir pu me
faire aimer ; à me trouver aujourdhui
reduite à la neceſſité de te punir !......
Tu ne les vois pas, Fils denaturé !
mais que tu fais couler de larmes !.....
Barbare ! tu me hais ! tu ne crois peut-
être pas qu'un Ocean te ſepare aſſés....
hé ! de quî ? d'une Mère qui t'empéche
de courir à ta perte !.... Hâ ! que dis-
je, infortunée ! je l'occaſionne peut-
être, & mon Fils, deja victime de la
colère du Ciel, qu'il a offenſé.... Mais
ſi tu peris, tu ſeras vengé ; oui, tu le
ſeras : en t'eloignant, je ſavais que je
ne pourrais ſurvivre à ton malheur, ſi
ma juſte severité l'occaſionnait un-jour....
O mon Fils !.... ô cruel !... Etre inflexible à ce point !.... Mais (& je l'avoue)
tu aurais été un indigne, ſi tu l'avais

abandonnée. Oui, cent-fois je me le suis dit, & je me le redis encore, s'il était possible, qu'au-mepris de tout ce qui sert de frein aux Hommes, de tout ce qui peut toucher le cœur, tu eusses été assés lâche, assés deloyal pour abandonner une Femme dont tu es aimé, je te renonçais pour mon Fils, & tu me fesais horreur !.... Monsieur D'Azinval vous étiez...

Rosalie (*s'interrompant*): Mais mon Amie! c'est à monsieur D'Azinval, qu'on écrit !

Marianne. Il est vrai!.... Mais quand cette Lettre fut-elle écrite !

Rosalie. Quand il fut envoyé en Amerique. Voyons, voyons: Car j'aime bien M. D'Azinval!

Marianne. Vous en êtes plûs aimable à mes yeux: tout ce qui l'aime m'est cher.

Rosalie. Quand vous serez sa femme, ma bonne Amie, ne l'empêchez pas de m'aimer un-peu !

Marianne. Aucontraire ! je le prierai de t'aimer ... autant que moi.

Rosalie. Hâ ! ce serait trop !... Mais je t'en ai la même obligation.

Marianne. Achève la lettre.

Rosalie. Oui, oui, voyons-en la fin. Monsieur D'Azinval, vous étiez entre deux écueils ; je vous arrache à tous-deux,

parce-que je les craignais également tous-
deux pour un Fils ... un Fils destiné à
perpetuer la Famille dont je sors... à porter le nom cheri de mon Père..... Aulieu
que si je m'étais rendue à vos desirs, vous-
même un-jour vous auriez maudit ma complaisance. Hé! que n'était-il possible que
je me rendisse!... Mon Fils! il faut avoir
l'âme d'une Mere, pour sacrifier ce qu'on a
de plûs précieux, à l'utilité de son Enfant!...
Vous demanderez sans doute ce que je vous
sacrifie? Un tresor inestimable à mes
yeux, un tresor plus précieux que ma vie,
ton amitié, chèr D'Azinval, la tendresse que tu dois à Celle qui t'a porté
dans son sein: car tu me detestes en ce moment!.. & voila ce que je gâgne à te servir!...
Malheureuse Mere! j'en suis reduite
à meriter la haîne de mon Fils, pour
le sauver! O Dieu! donnez-moi autant de force, que j'ai de tendresse!....
Je ne borne pas-là ma generosité: je
ne veux pas même justifier mes rigueurs;
puisque je ne saurais le faire qu'aux depens de votre Amante; de Celle que vous
avez osé vous donner pour compagne de
votre sort, au mepris de l'autorité de
Ceux à qui vous devez l'existance & l'é-
ducation..... Mais le Ciel ne ratifie pas
les sermens criminels, ou dumoins indis-
crets elle n'est pas votre femme.. Adieu,...
mon Fils!... Si tu me hais, si tu me detestes

encore,... hâ! que tu es injuste!... Ta Mère
& jusqu'au tombeau ta meilleure amie,
Helène D'Azinval - D'Ormond.
P.-s. Je me suis informée si Elle était
dans le besoin: croyez qu'Elle n'y tom-
bera pas, si le Ciel lui enleve ses ressour-
ces presentes. Je ne la hais point; loin
de-là...... Mais on lui cacherait la main
qui la soutiendrait.

(En finissant, Rosalie dit): **De quî**
parle-t-on-là? *Elle? Elle?*

Marianne. Je ne fais pas .... Voici ma
Bonne!

II Scène.

Marianne, Rosalie, Madem. D'Osier,
Le Vieillard.

Le Vieillard (à Marianne): Ma chère
Fille! j'apprens à l'inftant mon bonheur
& le vôtre!

Marianne. Connaîtriez-vous mon Père!
Le Vieillard. J'ai des esperances.
Marianne. Il est donc fur la terre Quelqu'un à Quî je pourrai donner un nom si
doux!

Le Vieillard. Ma Fille, voici un bijou
qui ne devait me quitter qu'à la mort:
mais vous êtes la fille de mà Laurence; il
vous appartient.

Marianne. C'est mon portrait!
Madem. D'Osier. Et celui de votre
Mère, ...à votre âge.

Marianne (attendrie, & le baisant): Voila donc tout ce qui me reste de vous, ô ma Mère !.... Qu'elle était belle !...

Rosalie (regardant le Portrait): Qu'elle était aimable ! (*regardant Marianne*). Elle était ... comme vous ... mais vous êtes plûs belle.

Madem. D'Osier. J'entens M. D'Azinval: Je sais que chés votre Maîtresse , le temps de votre leçon de musique était le seul où il vous parlât tête-à-tête ; nous ne voulons pas le gêner dans sa maison, surtout aujourdhui. (*Madem. D'Osier emmène tout le monde*).

III Scène.

Marianne, D'Azinval.

Marianne (arrangeant sa musique sur laquelle le Portrait est posé): Nous causions ; je ne me suis pas preparée...

D'Azinval. Quel est ce Portrait ?

Marianne. C'est un tresor, qu'on vient de me remettre.

D'Azinval. Voyons, ma Fille !

Marianne (donnant le Portrait): Tenez ... Devinez !

D'Azinval (troublé): Ce n'est pas le vôtre ..... vous êtes ..... plûs belle ...... vous avez ... l'air ... plûs noble ...

Marianne. Mais je suis moins jolie; tout le monde le dit... C'est ma Mère.

D'Azinval. Votre Mère !.... Oui ... c'est elle... c'est elle !

Marianne (*avec transport*) : Hâ ! grand Dieu ! vous l'avez connue !... Daignez m'en parler ?...

D'Azinval. Oui, ma Fille, ma chère Fille !... je vous en parlerai ... bientôt... Je viens de chés mes Parens ; je n'ai pas trouvé D'Orbigni ; ma Mère n'était pas visible ; mon Père, mon Frère étaient occupés : Je suis revenu sans les voir. Mais j'ai donné mes ordres ; dès que D'Orbigni paraîtra, on me l'enverra : j'ai une bonne nouvelle à lui apprendre... Je suis heureux, ma Fille, très - heureux !... Comment pensez vous pour D'Orbigni ?

Marianne. Mais, comme tantôt : Il est aimable, & je me sens disposée à vouloir beaucoup de bien à votre Neveu.

D'Azinval. Et pour moi ?

Marianne. Vous m'êtes plûs cher que tout au monde.

D'Azinval. Je voudrais, ma chère Fille, que tu t'occupasses davantage de D'Orbigni : C'est un Parti qui te conviendrait fort !

Marianne. Vous avez tout pouvoir sur moi, monsieur...

D'Azinval. Ne peux-tu me donner un nom plus doux ? Je t'appelle ma Fille ?

Marianne. Hâ ! si j'osais vous appeler mon Père ?

D'Azinval. C'est le nom que je te demande. N 4

Marianne. Vous avez tout pouvoir sur moi, mon ... cher Papa!... Je ne sais qu'un moyen d'être heureuse ; c'est de dependre absolument de vous.

D'Azinval (avec ravissement) :   Il semble que la Nature veuille me dedommager, en me la soumettant davantage!.. Hé bien, ma Fille, je disposerai de vous.

Marianne. Et moi, je vous obeïrai.

D'Azinval. Voyons votre musique.... Dans peu, je me donnerai un Lieutenant auprès de toi, ma Fille.

Marianne. Un Lieutenant ?

D'Azinval. Oui... D'Orbigni.

Marianne. Vous m'en parlez beaucoup!

D'Azinval. C'est un autre moi-même : il m'est aussi cher que s'il était mon Fils, & il le sera.

Marianne (soupirant) : C'est un grand bonheur !

D'Azinval. Tu le partageras avec lui ; tu seras ma Fille, une Fille cherie...

Marianne. Hô! je suis trop heureuse!...

D'Azinval. Mais notre leçon ?

Marianne. J'ai tant de plaisir à cet entretien, que j'oublie de chanter.... Voici ce joli air de l'Opera nouveau.

D'Azinval. Non, non! choisissons un morceau plus convenable.

Marianne. Le vaudeville des deux *Jumeaux de Bergame?*

D'Azinval. Non:... J'ai un morceau de ma composition, étudie-le un inſtant, tandis que j'irai dire un mot à notre ſage Gouvernante.

IV Scène.

Marianne (ſeule étudiant, en ſ'accompagnant de la guittare):

J'aïmais, dans mon jeune âge,
Une Jeune-beauté,
Ayant votre corſage,
Vos traits, votre bonté :
Je lui devais la vie,
Je lui donnai mon cœur;
Elle me fut ravie,
Je languis de douleur.

Entre vingt chars rapides,
Je m'étais élancé;
Quand par deux Bras timides
Je me ſentis preſſé :
Une Voix douce & claire
Me dit, ══Alez perir !
N'avez-vous pas de Mère,
Que vous feriez mourir !

Je regarde la Belle;
C'étaient les plûs beaux yeux,
Avec douce prunelle
Comme l'azur des cieux :
—Que j'aimerai ma vie,
Puiſque je vous la doi!
Elle m'était ravie
Elle n'eſt plus à moi.

N 5

Une rougeur touchante
Colora ses attraits;
Je suivis mon Amante,
Je lui dis mes secrets:
Elle parut sevère,
Et m'éprouva longtemps!
Puis me trouva sincère,
Et crut à mes sermens!

Un secret mariage
Conserva sa pudeur;
Elle était belle & sage
En fesant mon bonheur:
Mais une calomnie
Mit l'Auteur-de-ses-jours
En danger de la vie,
Puis en ternit le cours!
Lors ma Mère étonnée
Voulant sauver l'honneur,
Par sa crainte égarée,
Causa notre malheur;
A cette Infortunée
Elle arrache un Epoux!
Epouse abandonnée,
Hâ! que deviendrez-vous?

Tandis qu'au Nouveau-monde
J'errais sans liberté,
Qu'est-il qui lui reponde
De ma fidelité?
Mon Epouse cherie
Me crut perfide, ingrat;
Par la douleur fletrie,
Bientôt elle expira.

Cependant, rempli d'elle,
Je voulus amaſſer;
Pour lui reſter fidèle
On me vit commercer :
Une prompte fortune
Mit le comble à mes vœux :
Ramène-moi, Neptune,
Vers l'Objet de mes feux!

Je vogue, & vois la rive;
Le Vaiſſeau touche au port;
On amarre, & j'arrive,
J'arrive avec tranſporr!
O terre! ô ma Patrie!
L'Objet de mon amour
Va revoir, attendrie,
Son Époux de-retour!

Je hâte & precipite
Un desiré depart :
Au ſejour qu'elle habite
J'arriverai trop tard!
Helas! ma tendre Amie,
O regrets ſuperflus!
Sans eſpoir m'eſt ravie,
On ne l'y connaît plus!

—Ainſi, dis-je avec larmes,
Tous mes biens ſont ſans prix;
Elle eût donné des charmes
Aux objets du mepris!
Inutile fortune!
Qui rendra la valeur
A la maſſe importune
De ton or ſuborneur!

Rêveur, je m'achemine,
Cherchant les Malheureux ;
Une Jeune-Orfeline
Se présente à mes yeux :
—Je me reconcilie
Avec toi, Dieu Plutus,
Cette Enfant avilie
Te rendra tes vertus !

Cette rencontre heureuse
Fait ma felicité,
Et rend delicieuse
Une calamité !
En bonheur elle change
Mon tourment, mes malheurs ;
Elle me donne un Ange,
Pour essuyer mes pleurs.

C'est de lui-même, qu'il parle !... c'est une confidence !... Il a aimé : Hâ ! qu'il a dû l'être tendrement !

v Scène.

Marianne, D'Azinval (rentrant).

D'Azinval. Comment trouvez-vous ma Romance ? l'air & les paroles ?

Marianne. Tout m'en a plu : Je l'ai étudiée, je vais la chanter, en m'accompagnant de la guittare.

D'Azinval. Je l'entendrai de ta bouche, avec le plûs grand plaisir !... *Il s'assied, & passe un bras autour de la tâille de Marianne, qui prelude, & en repetant deux vers du premier couplet)* : Sa voix a un charme qui m'enchante ....

aujourdhui furtout... (*Il la prend fur fes genous*). Je ne t'ai-jamais fi tendrement aimée... La tendreffe paternelle eft un delicieux fentiment !

Marianne. Et moi, je ne me trouve jamais fi heureuse, que lorfque je me figure, que je fuis votre fille... Votre Romance m'a vivement émue !...

D'Azinval (*à-part*) : Mademoifelle D'Ofier m'a gardé le fecret !...... (*à Marianne*) : Je l'ai compofée dans un moment d'attendriffement. Ta Bonne ne l'a pas encore vue... Mais la voici fans-doute avec ton Ayeul ; leurs cœurs devinent le mien, & ils fentent que leur presence augmentera le charme de ce delicieux moment... (*On entend du bruit, & parler très-haut.*) C'eft mad. D'Ormond ! C'eft ma Mère !.. Reftez, ma Fille ; votre place, en-ce-moment, eft dans mes bras.

VII Scène.

Marianne, D'Azinval, Mad. D'Ormond, M. D'Ormond, M. De-Bonne leur fils.

Mad. D'Ormond (*montrant Marianne :*) La voila !... Comment D'Orbigni ferait-il raifonnable, avec un pareil exemple !...

D'Azinval (*fans l'entendre, à fa Fille*) : Quel heureux inftant !... (*regardant fa Mère*) : Mais la feverité regne dans fes regards !...

Mad. D'Ormond (*f'avançant avec*

nobleſſe :) Mon Fils !... C'eſt avec la plûs vive douleur, que votre Père & moi nous nous acquittons du devoir indiſpenſable .... de vous repreſenter vos égaremens. (*D'Azinval ſe lève, & ne retient que la main de Marianne*): Mon chèr Fils ! voudras-tu donc toujours t'avilir, & ne chercher le bonheur, que dans la voie honteuſe du desordre !... (*regardànt Marianne de l'air du mepris le plûs marqué*): Retirez-vous, mademoiselle ! devrait-on vous le dire !

D'Azinval (*retenant ſa Fille*): Non ! demeurez, ma Fille !... Ma Mère, je vous aime, je vous adore; & dans ce moment ſurtout, je ſens combien eſt ſacré votre pouvoir ſur vos Enfans !... O ma reſpectable & tendre Mère ! il faut être père à ſon tour, il faut, pour ſentir tout ce qu'on doit à Ceux dont on tient la vie, avoir éprouvé dans toute ſa force, la tendreſſe qui parle dans le cœur d'un Père, pour ſon Enfant !... Oui, madame, oui ma Mère, ſi j'étais ... ce que vous penſez... vous auriez droit de m'accâbler de reproches, & je n'oserais lever les yeux ſur mon Père ni ſur vous... Mais,... regardez Celle qui cauſe vos alarmes, & ſur ce visage charmant où la pudeur & l'innocence accompagnent les grâces, voyez le type ſacré qui me juſtifie... Ma Mère, reconnaiſſez mes traits

& les vôtres !... O vous dont le cœur fensible éprouva fi vivement pour moi, dans une circonftance terrible ! les tranſ-fes de la maternité, imaginez combien cette Enfant doit m'être chère... Elle eſt le fruit d'un amour... qui causa vos alarmes & mes torts ... d'une paffion unique .... Ces mots, mon trouble, l'émotion où je fuis vous l'ont deja nommée... Marianne, ma chère Enfant! tu l'ignores encore , & je ne le fais moi-même que depuis une heure ... mais dans l'inſtant, tu alais l'ap-prendre... Je fuis cet Homme que ta Mère aima, dont elle fut cherie ; qu'on arracha de fes bras; qu'elle crut parjure, & qu'elle adorait encore, en expirant de douleur... Je fuis ton père !

Marianne (pouffant un cri de joie) : Hâ!..... Vous, mon Père !... (*Elle tombe dans fes bras ; il la foutient : Elle conti-nue*) : O Vous, qui m'avez fauvée! vous étiez mon Père !...

D'Azinval. La nature le dit à mon cœur, dès le premier inſtant, où je te vis.

Marianne (l'embraffant à diverfes re-prifes): Mon Père !... (*Elle fe degage enfin, & fe precipite aux genoux de Mad. D'Or-mond*) : Soyez auffi ma mère ! j'ai perdu la mienne !

Mad. D'Ormond (émue , & voulant la relever.) Grand-Dieu !

D'Azinval. La dedaignez-vous ? & votre rigueùr s'étendra-t-elle sur cette Victime innocente ?

M. & Mad. D'Ormond. Non ! non, mon Fils !

M. D'Ormond seul (tandis que Mad. D'Ormond caresse Marianne) : Nos cœurs sont pour elle & pour toi.   (*Il baise le front de Marianne, qui est dans les bras de son Ayeule :*)

Mad. D'Ormond : Mon Fils ! je sens combien tu m'es cher, au plaisir que je trouve à presser ta Fille contre mon cœur ! (*Elle embrasse Marianne*) :   Comme elle est belle !

M. D'Ormond. Elle a quelque chose de la noblesse de votre air, ma Femme !

M. De-Bonne. Elle serait ma sœur, qu'elle ne vous ressemblerait pas davantage, ma Mère.

Mad. D'Ormond. Vous me flatez tous ; mais je ne me fais pas illusion : si mon Fils m'a donné mon portrait, c'est embelli ... (*avec reflexion*) :   Et c'est-là cette Orfeline .... qu'un mouvement de generosité ... lui fit recueillir ! (*Elle laisse échapper des larmes d'attendrissement*) ... O mon Fils ! qu'elle doit vous être chère !

D'Azinval. Elle est doublement ma fille... Mais il faut vous montrer Celle qui me l'a rendue. (*On entend du bruit*).

Mad. D'Ormond. C'eſt D'Orbigni qu'on nous amène; j'en ai donné l'ordre en partant.

vii Scèıe.

Les Mêmes, D'Orbigni : deux Valets.

D'Orbigni (*aux Valets :*) Retirez-vous : c'eſt volontairement, que je viens chés mon Oncle.... (*apercevant Marianne au milieu de ſa Famille*) : Que vois-je? Eſt-ce un ſonge?....

Mad. D'Ormond (*careſſant Marianne*) : Ma chère Fille!

D'Orbigni (*ſe precipitant vers elles*) : Votre Fille!... Hâ! madame! c'eſt-elle! la voila cette Fille charmante que j'adore!

D'Azinval (*feſant ſigne à ſon Neveu qu'il veut parler*). Calme-toi .... (*à ſon Frère*) : Mon Frère, je ſais que nos lois reprouvent une union qui n'eut pas le ſceau de l'autorité de nos Parens : Mais voila ton Fils;.... voila ma Fille :.... ils ſ'aiment?

Mad. D'Ormond. Ils ſ'aiment! Hâ? je ſuis une trop heureuſe mère!

M. De-Bonne. Mon cher D'Azinval, ma Mère vient de prononcer.

M. D'Ormond. Meſ Enfans, vous me comblez de joie, ainſi que votre Mère : Je reconnais Marianne pour ma Fille; je l'avoue; je l'adopte : Et votre Mère penſe comme moi.

Mad. D'Ormond. Oui, comme vous, mon Mari; je l'avoue pour ma Fille, & je l'adopte.

D'Azinval (preſſant reſpectueuſement la main de ſon Père): Voila le plûs grand de tous vos bienfaits; il égale celui de la vie que vous m'avez-donnée.

M. D'Ormond (reüniſſant ſes deux Fils dans ſes bras): Mes Fils, n'oubliez jamais ce moment, où votre Père a cimenté l'union de toute ſa Famille!

Mad. D'Ormond. Je venais pour le gronder, ce Fils que je n'ai jamais aſſés-bien connu, & qui me rend heureuse!..... Fils reſpectueux, je te repons de ton bonheur! *(à Marianne & à D'Orbigni)*: Mes Enfans, jugez combien il eſt doux pour une Mère, de ne trouver que des vertus, dans un Fils cheri, dont elle avait ſoupçonné les mœurs!.... Mais ma Fille..... *(à ſon Fils)*: Vous m'entendez, vous-deux: Comment cacher une tache...

VIII Scène.

Les Mêmes: Un Procureur.

Le Procureur (à D'Azinval): Je n'ai pas differé d'un moment: L'Homme pour lequel vous vous intereſſez, eſt innocent: Le Coupable a parlé; j'en ai demandé acte au greffe, & le voila.

M. De-Bonne (à ſon Frère): Ne parle-t-il pas de ce Vieillard, qui depuis près de vingt ans...

D'Azinval. Oui, mon Frère.

M. De-Bonne. Son innocence eſt reconnue; c'eſt une chose notoire, que ce Procureur vient vous donner comme une decouverte!... Mais comment le Vieillard vous intereſſe-t-il?

D'Azinval (à Marianne) : Ma Fille, courez annoncer à votre Ayeul, la nouvelle de ſa juſtification : que ce ſoit de la bouche de ſa Petite-fille qu'il apprenne la fin de ſes malheurs. (*Marianne y-court, après avoir embraſſé Mad. D'Ormond*).

1 X Scène.

Les Mêmes : Marianne, Madem. D'Osier, le Vieillard, Rosalie, la Maîtreſſe-de-penſion, la Plaideuse, les Domeſtiques.

(*Marianne à ſon Ayeul maternel, qui paraît à l'entrée de l'appartement*) : Votre innocence eſt reconnue! (*elle lui baise la main*), & mon Père veut, que j'aye le bonheur de vous l'annoncer.

Le Vieillard. O Providence! que cet inſtant efface de douleurs!

Mad. D'Ormond. Voila donc le Père de Laurence? c'eſt-là cet Infortuné, que j'ai perſecuté, dans ſa Fille!

D'Azinval. Mais vous le croyiez coupable!... une Mère comme vous pouvait-elle ſouffrir un nuage ſur l'honneur!

Mad. D'Ormond. Il m'excuse!...

D'Azinval. C'eſt le devoir d'un Fils.

Mad. D'Ormond (ſ'avançant vers

le Vieillard:) Je suis devenue votre amie: ma Fille & la vôtre nous unit à jamais: C'est à vous, qui representez sa Mère, que je la demande en mariage, pour mon Petit-fils, pour M. D'Orbigni?

Le Vieillard. Madame! un tel honneur...

Mad. D'Ormond (*avec noblesse*): N'est pas trop grand pour la Fille de mon Fils.

Le Vieillard. Il est vrai: mais pardonnez à un Vieillard, que ses malheurs...

Mad. D'Ormond. Ils ne vous rendent que plûs respectable. (à *D'Azinval*): Vous ne serez pas seul chargé de ce que je dois à votre Beaupère.

D'Azinval. Excellente Femme!

Mad. D'Ormond. Mais, mon Fils, jeune encore, sans épouse ... votre situation est delicate! Mon Ami! veux-tu me laisser disposer de ton sort?

D'Azinval. Oui, ma Mère, & plûs absolument que jamais.

Mad. D'Ormond. Je lis dans vos cœurs; &, (*montrant Rosalie*), si elle l'a touché?...

D'Azinval (*lui baisant la main*): Je n'abuserai pas de votre bonté, Madame.

Mad. D'Ormond. Elle a de la naissance?

D'Azinval. Si elle n'en avait pas?

Mad. D'Ormond. Je demanderais une union secrette.

D'Azinval. Qui vous satifferait peu: Elle est de condition, & j'en suis aimé.

Mad. D'Ormond. Il est dit que tout aujourdhui seconderait mes vœux....

La Plaideuse. Quoi! mon cher D'A-zinval, vous serez mon gendre! (*à la Maîtresse-de-pension*): Voila le plûs-grand bonheur qui me pût survenir! cela vaut un arrêt definitif!

D'Azinval. Mais ne plaidez plus!

La Plaideuse. C'est un sacrifice que je vous dois.

M. D'Ormond. Quel sort glorieux que celui d'une Mère-de-famille, qui n'a rien à se reprocher! Adorée de son Mari, de ses Enfans, elle ne voit que des cœurs où elle règne!

x Scène.
Tous les Personnages.

Le Chanteur (arrivant) : Voici l'Epi-talame. (*Il distribue les parties*) :

Chœur.

Le plûs beau jour va briller
Pour la plûs aimable des Belles :
Après des peines cruelles,
Des angoisses mortelles,
Elle va goûter
Des delices nouvelles :
Heureux Epoux, heureux Amant!
Quel doux contentement
Dans votre ardeur fidelle !
L'amour tendre & constant
Va la rendre éternelle !

(*avec surprise*): Comment! comment! il en falait deux! & les Epoux sont changés!...

D'Azinval (à sa Fille) :
Une Enfant jeune & gentille,
Me touche par ses discours :
Dans ses traits la beauté brille,
Malgré ses pauvres atours :
Mon cœur me dit :   —C'est ta Fille,
Premier fruit de tes amours,
Qui reclame ton secours...

Marianne (fixant D'Azinval) :
J'étais faible, abandonnée,
Coulant de malheureux jours :
Mais enfin plûs fortunée,
Je l'aperçois, & j'accours :
De ma triste destinée,
Touché, touché pour toujours,
Mon Père en changea le cours.

Le Vieillard.
Victime de l'Insolence,
Quel malheur était le mien !
J'accusais la Providence,
(L'Homme aveugle ne sait rien !)
De proteger l'Impudence,
En m'ôtant espoir, soutien !
Elle me rend tout mon bien !

Mademoiselle D'Osier.
Dans l'union la plûs tendre,
J'avais tout mis par moitié :
Helas ! devais-je m'attendre
Que la dure Inimitié
Me punirait, sans m'entendre,
D'avoir eu de l'amitié,
D'avoir eu de la pitié ?

Rosalie.

Un amour fans efperance
Dans mon fein était caché :
Mais, par une heureuse chance,
Dont mon cœur eft bien touché !
Ma Rivale même avance,
Loin de l'avoir empêché,
Un bonheur non recherché !

Madame D'Ormond.

Tendre, mais imperïeuse,
Je voulais tout diriger :
Mais la Prudence eft trompeuse,
Un rien peut la deranger ;
Fortune capricïeuse,
Souvent fans voir, fans juger,
Tu fais mieux tout arranger !

D'Orbigni.

Je fuis plûs heureux que fage,
Je n'en difconviendrai-pas :
Mais rarement, à mon âge,
On fait mesurer fes pas ?
L'on ne voit au mariage
Avec l'Objet le plûs bas,
Que des fleurs & des appas.

Monfieur D'Ormond (à D'Orbigni):

Il le faut, & la Jeuneffe
A besoin, pour f'engager,
Que la plûs vive tendreffe
Faffe un langoureux Berger ;
La delicieuse ivreffe
Où l'Amour fait le plonger,
Lui deguise le danger.

Monfieur De-Bonne (à fa Mère):

On peut prendre une autre route,
Ma Mère choisit pour moi:
On dit qu'Amour ne voit goute,
Et bonnement je le croi;
Mais le maternel fans-doute
Guidé par la bonne-foi,
Suit une contraire loi.

La Plaideuse (à fa Fille) :

Que vieille, Plaideuse & veuve
Je n'aime que les procès,
Faut-il donc qu'on f'en émeuve?
Hâ! qu'on me donne un recès!
Jeune, belle, tendre & neuve,
Accommodante à l'excès,
Je voudrai d'autres fuccès!

La Maîtreffe-de-penfion.

Dans le vertüeux asile
Où j'élcve la Beauté,
Chaque moment eft utile,
Et donne un prix merité;
La vie eft pure & tranquile,
Les mœurs font en fûreté,
Quand on fuit l'oisiveté.

D'Azinval (à Rosalie) :

Je vais former une chaîre,
Dont je preffers la douceur:
Mon attente n'eft pas vaine;
Croyez-en ma vive ardeur!
Ce ferait un phenomène
Que la gloire fans honnéur,
Et la vertu fans bonheur!

Fin du Volume des Femmes.

9 782329 338866